ABRÉGÉ

DE

L'HISTOIRE D'AVIGNON.

ABRÉGÉ

DE

L'HISTOIRE D'AVIGNON,

à l'usage

DES VOYAGEURS ET DES PERSONNES QUI DÉSIRENT TROUVER
RÉUNIS DANS UN PETIT NOMBRE DE PAGES LES ÉVÉNE-
MENS LES PLUS MÉMORABLES DE CETTE HISTOIRE.

PAR **J. GUÉRIN**,

Médecin honoraire des hôpitaux d'Avignon ,
Conservateur honoraire du Musée Calvet,
Membre de plusieurs Académies
et Sociétés Savantes nationales
et étrangères.

AVIGNON,

Imprimerie JACQUET , rue St-Marc , n° 18.
1841.

AVERTISSEMENT.

Si l'histoire d'une ville dont l'origine se perd dans la nuit des âges peut intéresser en raison de ses catastrophes, de ses révolutions et des événemens mémorables consignés dans ses fastes, celle d'Avignon doit être des plus curieuses. Des antiquaires, des historiens et des écrivains recommandables en ont rassemblé les matériaux; mais aucun d'eux ne les ayant mis en œuvre, j'ai cru satisfaire, jusqu'à un certain point, le désir du public en donnant l'abrégé d'une histoire toujours demandée, toujours promise et jamais publiée. Consultant plutôt ma volonté que mes forces, j'ai osé parcourir en téméraire un domaine qui m'est étranger, et, sans autre motif que mon amour pour mon pays natal, je suis devenu l'écho

1

fidèle de ce que j'ai trouvé de plus remarquable dans la lecture des anciens et des modernes qui ont parlé d'une ville surnommée, à juste titre, *altera Roma*, SECONDE ROME, à cause de la longue résidence dont les *Souverains Pontifes* l'ont honorée. (*)

(*) L'Italien Fantoni a publié à Venise, en 1677, son *Istoria della Città d'Avignone, e del Contado Venesino*, 2 vol. in-4°; mais son livre, dépourvu de critique, est une espèce de chronique qui appartient autant à l'histoire générale de nos contrées qu'à celle d'Avignon et du Comtat. Il renferme mille détails de peu d'intérêt, et ne dit souvent qu'un mot des faits les plus essentiels.

Nous regrettons que M. le marquis de Fortia d'Urban, respectable Mécène, non moins connu par son encyclopédique érudition et son extrême obligeance, que par les nombreux ouvrages sortis de sa plume, occupé de travaux plus importans, n'ait pas publié l'ouvrage dont une savante introduction était le préliminaire. Personne ne pouvait mieux que cet académicien éclaircir les jours ténébreux de notre histoire.

« La situation de la ville d'Avignon, au bord
» d'un des plus grands fleuves de l'Europe , la
» beauté de son climat, la diversité des nations
» et des souverains qui l'ont dominée , rendent
» son histoire aussi curieuse que celle des villes
» plus considérables. Si le récit des faits qui s'y
» sont passés fatigue le lecteur, c'est à l'histo-
» rien qu'il faut en adresser le reproche. » *Introduction à l'Histoire d'Avignon*, par M. Fortia
d'Urban , *préface, pag.* VIII.

M. le comte de Blégier, conservateur du Mu-
sée-Calvet, mon ami et mon confrère académi-
que, a bien voulu me faire part de quelques
ques observations importantes dont j'enrichis cet
abrégé.

———————

Les auteurs qui se sont spécialement occupés
d'Avignon, ou qui rapportent quelques parti-
cularités relatives à cette ville sont en assez
grand nombre. Je vais citer les plus remarquables en faveur de ceux qui désireraient connaître les détails de notre histoire.

GRÉGOIRE DE TOURS. *Historia ecclesiastica, etc.*
VALADIER. Hercule Gaulois.
NOUGUIER. Histoire chronologique de l'église ;
évesques et archevesques d'Avignon.

Gallia christiana.

JUSTIN (le père.) Histoire des guerres excitées dans le Comtat , par les Calvinistes.

PERUSSIS. Discours sur les guerres du Comtat.

BALUZE. *Historia paparum Avenionensium.*

TEISSIER. Histoire des souverains pontifes qui ont siégé dans Aviguon.

EXPILLY (l'abbé.) Dictionnaire géographique , historique et politique des Gaules et de la France.

DE SADES (l'abbé). Mémoires pour la vie de François Pétrarque.

Statuts de la cité d'Avignon.

Speculum Universitatis Avenionensis.

BLÉGIER (comte de). Recherches historiques sur les vicomtes d'Avignon.

Histoire générale du Languedoc.

FORTIA (le marquis de). Introduction à l'histoire d'Avignon. -- Mémoires sur les Celtes. -- Considérations sur l'origine et l'histoire ancienne du globe. -- Histoire des propriétés territoriales du département de Vaucluse. -- Antiquités et monumens du département de Vaucluse.

BOUCHE (Honoré). Histoire de Provence , etc., etc.

ABRÉGÉ

DE L'HISTOIRE

D'AVIGNON.

ANS les siècles au-delà desquels nous ignorons ce qui se passait dans nos contrées, Avignon appartenait aux Celtes ou Gaulois. Les Grecs ont connu cette ville sous le nom d'AOUENIÔN(1). Les Latins la nommaient AVENIO, AVENNIORUM COLONIA (2), AVINIO (3), et les modernes, AVENIO ou AVIGNON. L'on peut conjecturer que le mot *Aoueniôn*, qui n'est ni grec ni

(1) *Aoueniôn*. Strabon, Ptolémée, Etienne de Bysance.

(2) *Avenio Cavarum*. Pline, lib. III, cap. IV; Pomponius-Mela, lib. II.

(3) *Avinio*. Cassiodor, *Avenio*, les modernes.

latin, a une origine gauloise. Quelques savans prétendent qu'il est formé d'*Aouen* ou *Aven* qui signifiait fleuve ou rivière, et d'*Ion*, seigneur, dominateur. Quoique cette étymologie ait quelque apparence de vérité, connaissons-nous assez la langue des Gaulois pour l'adopter avec confiance ? Quant aux étymologies dérivées des mots latins *ab ave io*, *ab avibus*, *a vento*, *ab Avenico*, *a vineis*, elles sont toutes fondées d'après des hypothèses.

On croit, d'après quelques médailles sur lesquelles on lit ces lettres grecques AOYE (1), et d'après Etienne de Bysance, qu'Avignon a appartenu aux Grecs qui vinrent s'établir à Marseille six siècles avant Jésus-Christ ; mais si nous connaissons l'olympiade dans laquelle les Phocéens se fixèrent à Marseille , nous n'avons rien de

(1) Si ces médailles appartiennent réellement à Avignon, il faut en conclure que cette ville se nommait aussi AOUENIÔN.

positif sur l'époque où ils habitèrent Avignon , si toutefois ils ont été les maîtres de
s'y établir. N'est-il pas étonnant que Strabon , en parlant de la république de Marseille , au sujet de laquelle il entre dans les
moindres détails , ne dise pas un mot de
notre ville , surtout , si comme le croient
plusieurs savants , Avignon était ville marseillaise , ainsi qu'on le voit dans l'abrégé
d'Etienne de Bysance , auteur du Ve siècle.
N'est-il pas vraisemblable , d'après Strabon, le plus exact des anciens géographes,
qu'Avignon a été regardé comme une ville
marseillaise parce que des Grecs marseillais s'y étaient établis pour étendre ou favoriser le commerce de la métropole (1).

(1) Si Avignon a été ville marseillaise , je
pense qu'elle n'a pu l'être que depuis la conquête des Gaules par les Romains, qui peut-être
la cédèrent quelque temps à leurs anciens et
fidèles alliés. En effet, comment présumer que
Marseille , souvent en guerre avec ses voisins,

Dans les temps les plus reculés de notre histoire, Avignon appartenait à ces mêmes Gaulois, qui, sous le règne de Tarquin l'ancien, traversèrent les Alpes, se rendirent maîtres des pays situés entre le Pô et ces hautes montagnes, saccagèrent Rome l'an 366 après sa fondation, et ne quittèrent l'Italie qu'après l'avoir inquiétée pendant plusieurs siècles.

et obligée, plusieurs siècles après sa fondation, d'appeler les Romains à son secours pour défendre son propre territoire, eût des possessions sur la rive droite de la Durance ?

Le passage suivant de Strabon me semble un fort argument contre ceux qui pensent qu'Avignon était une ville marseillaise : « Dans des » temps plus raprochés de nous, les Marseillais, » s'appuyant sur leur valeur, se rendirent maî- » tres de quelques champs situés autour d'eux.» Strab. pag. 180, Lut. Paris, 1620. Ne serait-il pas remarquable, si Avignon avait appartenu à Marseille, qu'aucune inscription grecque n'eût été trouvée dans notre ville ou dans ses environs ?

Les Gaulois avaient été forcés par les Romains de repasser les Alpes , lorsque ces derniers furent appelés par les habitans de Marseille , qui demandaient leur assistance contre leurs voisins ([1]). Flaccus , venu au secours des Marseillais , soumet les Liguriens transalpins ; bientôt après , Sextius défait complètement les Saliens ou Salviens, les chasse des côtes maritimes , fonde la ville d'Aix et y laisse une garnison.

Une grande bataille fut donnée par D. Ænobarbus trois ans après , presque sous les yeux des Avignonnais , au confluent de la rivière de *Vindelium* avec le Rhône ([2]).

[1] L'auteur de l'*Epitome* de Tite-Live, nomme ces ennemis de Marseille , Gaulois Falaniens; il dit à ce sujet dans le IX livre : *Fulvius Flaccus primus omnium Transalpinos Ligures bello domuit, missus in auxilium Massiliensibus adversus Falanios Gallos , qui populabantur fines Massiliensium.* Edit Basil. Froben. 1535.

[2] Le *Vindelicus amnis* que Florus prend à

L'année suivante, les Allobroges et les Averniens perdirent plus de 100,000 hommes dans un seul combat que leur livra Fabius Maximus (1). Quelque temps après,

témoin de la victoire d'Ænobarbus, en disant : *Varus victoriæ nostræ testis, Isara, et Vindelicus amnis, et impiger fluminum Rhodanus. (De Bello allobrog.)* ne peut être que la Sorgue ou l'Ouvèse ; il est même possible que ces deux rivières portassent, ainsi que de nos jours, un nom commun lorsqu'elles étaient réunies dans un même lit, comme entre le village de Bedarrides et le Rhône. Strabon nomme *Oundalón*, la ville située près de la jonction de ces rivières avec le Rhône, et dit formellement que la Sorgue *(Soulgas)* se jette dans ce fleuve près de la ville *d'Oundalón.*

(1) Florus ajoute encore : *D. Ænobarbus, et Fabius Maximus, ipsis quibus dimicaverant, locis saxeas crexere turres et desuper exornata armis hostilibus trophoea fixere : cum his mos inusitatus fuerit nostris. Nunquam enim populus romanus hostibus domitis victoriam suam exprobavit.* Florus,

une grande partie du peuple de la Gaule méridionale passa sous la domination du vainqueur.

Il est probable qu'à la suite de ces victoires, Avignon appartint à la république romaine. Cette ville était très-florissante dans les premiers siècles de l'empire. Pomponius Méla la met au nombre des cités les plus opulentes de la Gaule narbonnaise , nom que les Romains donnaient au Lan-

De Bello allobrog. Lib. iv , *pag.* 185 , *C.* Venitiis, in Ædibus Aldi. 1520.

Strabon avait dit un siècle avant Florus au sujet de cette victoire : « La troisième rivière est » la Sorgue qui se jette dans le Rhône près la » ville de Oundalon , où Cneius Domitius Æno- » barbus défit dans une grande bataille plusieurs » myriades de Celtes. » (Chaque myriade est composée de 10,000). Le même géographe dit un peu plus bas : Les Arverniens (*Arouernoi*) se battirent avec Domitius vers le confluent de la Sorgue avec le Rhône. (Strab., lib. iv , p. 191. C. , Paris , 1620.)

guedoc et à la Provence (¹). Pline en fait mention parmi les villes latines, et Ptolémée lui donne le titre de colonie romaine (²). Il semble même d'après une inscription citée par Calvet, long-temps conservée dans le jardin de l'évêché d'Apt, sur laquelle on lit : C. I. HAD. AVENN.

(1) *Urbium quas habet (Gallia Narbonensis) opulentissimæ sunt Vasio Vocontiorum, Vienna Allobrogum, Avenio Cavarum, Arecomiçorum Nemausus, Tolossa Tectosagum, Secundanorum Arausio, Sextanorum Arelate, Septumanorumque Blitera.* Pomp. Mela, de situ orbis, cap. v. *Lugd. Batavorum*, 1546.

(2) Les géographes anciens nous apprennent qu'Avignon appartenait aux Cavares, peuples Celtes ou Gaulois, qui habitaient le long de la rive gauche du Rhône.... Au-dessous des *Séga-louniens*, dit Ptolémée, est le pays des Cavares, dont les villes méditerranées sont : *Akousión*, colonie; *Avenión*, colonie; *Arausión*, *Kabellión*, colonie; plus bas sont les *Salikes* ou Saliens.

qu'Hadrien avait donné à Avignon le titre de colonie et l'avait illustré de son propre nom.

Du temps de Pline , cette ville n'était appelée qu'*Oppidum Latinum*. Il est vraisemblable que long-temps avant, Jules César y avait envoyé des soldats invalides qui ne lui donnèrent pas le titre de colonie.

Avignon soumis aux Romains , et partageant le sort des autres provinces de ce vaste empire , dut prendre part aux troubles qui l'agitèrent. La sagesse et la modération de quelques empereurs ne firent naître qu'un petit nombre de beaux jours. Les préfets et les généraux n'étaient le plus souvent que des chefs vendus à différens partis. Ces temps si orageux furent suivis par un siècle plus affreux encore. Des flots de barbares ébranlent l'empire sous Valens , l'inondent sous Honorius et Arcadius , et mettent à feu et à sang presque tout le pays situé entre le Rhin , l'Océan, les Alpes , et les Pyrénées.

Saint Jérôme parle de l'irruption des peuples du nord dans une lettre à Agéruchia, écrite l'an XIII d'Honorius. Voici la traduction d'une partie de cet écrit :

« Que dirai-je de ces temps déplorables où des peuples, aussi nombreux que féroces, inondèrent les Gaules ? Tous les pays entre les Alpes et les Pyrénées, l'Océan et le Rhin, furent saccagés par les Quades, les Wandales, les Sarmates, les Alains, les Gépides, les Hérules, les Saxons, les Bourguignons, les Allemands, les Pannoniens ! O Rome ! ô malheureuse république! Assur marchait devant eux...La célèbre Mayence est prise, saccagée et des milliers de citoyens massacrés dans son église ! Les Vangiens sont anéantis après un long siége, les Ambiens, les Attrebates, les Moriniens sont transplantés en Germanie ; le glaive change en désert l'Aquitaine, la Narbonnaise et le Lyonnais ; il n'y reste qu'un petit nombre de villes que le fer

moissonne au-dehors et que la famine dé-
vore à l'intérieur ! Puis-je parler de Toulouse , protégée et conservée par le saint
évêque Exupère sans répandre des lar-
mes ?.... L'Espagne , tremblante sur le
point de succomber , ne compte que sur
la clémence divine ! Nos vastes possessions
depuis le Pont-Euxin jusqu'aux Alpes Ju-
liennes demeurent au pouvoir des barbares. Pendant trente ans , on n'a combattu
qu'au milieu de l'empire où , si j'en excepte
quelques vieillards , tous nés dans l'escla-
vage , ne soupirent pas même après une
liberté qui leur est inconnue.... Pourra-t-
on ne pas accuser ici l'histoire d'exagération et d'infidélité et sera-t-il croyable que
Rome ait combattu dans son sein , non pour
sa gloire mais pour son salut , si toutefois
c'est combattre que d'acheter sa vie avec
de l'or et des objets du plus grand prix !
Si j'avais cent langues , cent bouches , une
poitrine d'airain , je pourrais à peine ra-

conter ce qu'ont souffert les captifs et prononcer tous les noms des victimes !.. (1) »

Ce qui restait aux Romains dans les Gaules était défendu par le brave Aëtius ; mais ce général ne peut résister aux ennemis qui l'attaquent de toutes parts. Tandis qu'il arrête la marche rapide des Goths, les Bourguignons s'avancent d'un autre côté jusqu'à Marseille et donnent le nom de Bourgogne aux pays dont ils se sont emparés. Aëtius forcé de faire la paix, cède toutes les terres conquises sur l'empire, à l'exception de celles qui se trouvent entre la mer et la Durance.

Après ce traité, Avignon et le Comtat firent partie de la Bourgogne dont les troubles furent continuels. Le roi Gundicaire perdit la vie dans une bataille. Clovis entra dans son pays à la tête d'une puissante armée. Gondebaud, successeur de Gundi-

(1) Sancti Eusebii Hyeronomi opera, t. IV, pag. 748, Paris, 1706.

caire, obligé de prendre la fuite , se jette dans Avignon et s'y fortifie. Clovis assiége cette place (¹). Le roi de Bourgogne s'y

(1) Grégoire de Tours parle du siége d'Avignon par Clovis ; il regarde cette ville comme une place extrêmement fortifiée. Voici quelques détails qu'il nous donne à ce sujet :

Gondebaud se défendit quelque temps dans Avignon avec vigueur ; mais prévoyant que les vivres lui manqueraient bientôt, il convint avec Arédius , chef de son conseil, que ce dernier ferait semblant de se réfugier au camp ennemi comme un homme mécontent de la cour et du prince ; qu'il tâcherait de gagner la confiance de Clovis et de le disposer à entrer en négociation , et à terminer par un accommodement.

Clovis reçut très-bien Arédius et le retint près de lui pour s'informer de l'état de la ville et des assiégés. Il lui laissa entrevoir que la longueur du siége commençait à l'ennuyer. Le roi lui ayant permis de dire tout ce qu'il en pensait, Arédius lui parla en ces termes :

« Vous êtes trop éclairé, seigneur , pour « avoir besoin des avis d'autrui , et vous n'avez

2

défend avec vigueur , et oblige son ennemi d'en lever le siége. Peu de temps après,
Clovis ; joint à Théodoric , roi des Ostrogoths , tombe encore sur la Bourgogne :

» pas encore eu le temps d'éprouver ma fidélité
› et le zèle que j'ai pour votre gloire , pour de-
» voir vous en rapporter à mes conseils ; il n'y
» a que l'ordre que vous m'en donnez qui puisse
» me faire prendre la liberté de vous dire ce que
» je pense à ce sujet. Le ravage que votre armée
» fait autour d'Avignon cause un grand dom-
» mage à votre ennemi. Vos troupes désolent
» la campagne , vous avez fait couper tous les
» oliviers , arracher toutes les vignes , tout le
» pays est ruiné ; mais le siége n'avance pas
» beaucoup. La ville est forte , les assiégés se
» défendent , et paraissent résolus de soutenir
» les dernières extrémités. L'armée cependant
» se fatigue , et les maladies sont à craindre : les
» choses sont encore en tel état que vous pou-
» vez vous faire honneur de votre clémence , en
» ne jetant pas un roi malheureux dans le dé-
» sespoir. Il y a un parti à prendre qui serait
» très glorieux pour vous , c'est de lui offrir la

ces princes en font la conquête. Avignon échut en partage à Théodoric, qui donna le gouvernement de cette ville à Wandalius, en lui recommandant de traiter les Avignonnais avec la plus grande douceur (1).

» paix, le pardon du passé, à condition d'un
» tribut à perpétuité. S'il l'accepte, c'est une
» nouvelle victoire que vous remportez sur lui,
» et qui vous le soumet pour la suite, à peu de
» chose près, comme un sujet fidèle à son roi.
» S'il le refuse, vous serez en droit plus que
» jamais de le pousser à bout ». *Traduct. du P.*
Daniel, Hist. de France, tom. I.

Cet avis, conforme à l'impatience du roi et des Français, fut écouté, et ayant été discuté dans le conseil, il fut suivi. Les assiégés donnèrent des ôtages, un des officiers de Clovis fut reçu dans la ville, et Gondebaud se soumit à un tribut perpétuel.

(1) Une lettre de Théodoric à Wandalius, que nous a conservé Cassiodore, nous apprend encore qu'Avignon était de son temps une place d'armes considérable, et qu'on donnait le nom

Peu de temps après , la partie du royaume de Bourgogne dont Théodoric était le
maître fut rendu au roi de ce pays.

(522) Les successeurs de Clovis s'empa-
rent encore de ce malheureux royaume,
sont forcés de l'abandonner, et en font une
troisième fois la conquête ; mais bientôt
Godemart se rend maître de presque tous
les pays conquis par les Français dans
cette dernière guerre. Plusieurs villes de
Bourgogne, entre autres Apt , Carpentras,
Orange , Trois-Châteaux et Gap se mettent
sous la protection de Théodoric.

de Romains à ses habitans. *Principis siquidem
opinionem longe lateque disseminat subjectorum
custodita securitas, et ubi exercitus dirigitur, non
gravandi sed deffendendi causá potius existimetur;
atque ideo præsente auctoritate delegamus ut in
Avinione, quam regis, nullam fieri violentiam
patiaris. Vivat noster exercitus civiliter cum Ro-
manis prosit eis destinata defensio. Nec aliquid
illos à nostris sinatis pati , quos ab hostili niti-
mur oppressione liberari.* Cassiod. , lib. III,
epistol. 39.

(534) L'infortuné Godemart tombe entre les mains des princes français qui le dépouillent de son royaume environ un siècle après sa fondation. Deux ans après, le roi des Ostrogoths leur céda la basse Provence qu'ils possédaient tout entière en 736.

En 570, Avignon était compris dans cette partie de la Provence qui obéissait à Sigebert, roi d'Austrasie. Ce prince enleva par surprise la ville d'Arles à son frère Gontran, roi de Bourgogne, et, pour se venger, ce dernier fit assiéger Avignon par le patrice Celse. Avignon fut pris, mais rendu peu après à Sigebert.

Cependant les Lombards faisaient des courses dans le pays situé entre les Alpes et le Rhône. Les environs d'Avignon ne furent pas à l'abri de leurs dévastations ; en 572 et en 576 le patrice Mummol, général des troupes de Gontran, fondit sur eux, en fit un grand carnage et les refoula en Italie.

(582) Peu après, Mummol et d'autres seigneurs conçurent le dessein de faire reconnaître pour roi un célèbre infortuné, nommé Gondebaud, qui passait pour être fils de Clotaire I, et qui s'était réfugié à Constantinople. Cette conspiration amena l'armée de Gontran devant Avignon où Mummol commandait pour le roi d'Austrasie (583). Après un siége dont Grégoire de Tours raconte les circonstances, Mummol ne put être forcé et resta maître de la place.

(730) Les Gaules avaient été ravagées par les peuples du nord. Ceux du midi vont les égaler, sinon par le nombre, du moins en cruautés. Abdérame, général sarrasin, franchit les Pyrénées, met à feu et à sang les pays qu'il traverse et s'empare de plusieurs villes de la Provence et du Languedoc. C'en était fait de la France, si elle n'eût trouvé un défenseur dans Charles-Martel; celui-ci attaque Abdérame qui avait réuni toutes ses forces près de Poitiers,

détruit sa nombreuse armée, et Abdérame lui-même reste sur le champ de bataille.

Néanmoins les Musulmans s'arrêtent dans le midi des Gaules, et quelques années après, en 734, le duc Mauronte, ennemi de la domination des Francs, leur ouvre les portes d'Avignon. Le parti fidèle à Charles-Martel n'oppose qu'une vaine résistance ; et, si l'on en croit une inscription conservée long-temps à Bonpas, les généreux Avignonnais trouvèrent une mort glorieuse sur les bords de la Durance, dont ils disputaient le passage. Avignon ne resta pas long-temps au pouvoir des infidèles. En 737, le héros de son siècle, Charles-Martel, reprit d'assaut cette ville importante ; beaucoup d'églises et de monumens romains disparurent dans ce désastre, le plus grand qu'Avignon ait eu à souffrir.

Après cette sanglante catastrophe, il ne se passa aucun événement remarquable dans une ville qui, à l'époque de la décadence du vaste empire de Charlemagne, fit partie du royaume d'Arles ou de Provence, dont Boson fut élu souverain, le 5 octobre 879, par le concile de Manthe.

Sous les derniers princes d'Arles, les gouverneurs de ce royaume se rendirent maîtres des provinces où ils commandaient : Avignon appartint alors aux comtes de Provence. Pour terminer des débats relatifs à cette nouvelle possession, ceux-ci la partagèrent en 1125 avec les comtes de Toulouse.

Au commencement du XIIe siècle, Avignon se gouvernait plutôt d'après les lois que s'étaient imposées ses citoyens, que d'après une autorité étrangère. Cette ville n'osait cependant se regarder comme tout-à-fait indépendante, lorsque vers 1135, soit par complaisance ou faiblesse, soit pour ne point voir son autorité compromise par une résistance qu'il n'aurait pu vaincre, Guillaume III, comte de Forcalquier , combla les vœux des Avignonnais par là cession qu'il leur fit des droits qu'il avait sur eux. Le comte de Toulouse ne leur accorda pas la même faveur ; il parut se contenter de vagues protestations , de quelques déférences et d'une soumission illusoire.

Dès lors cette ville se crut absolument libre. Lorsqu'il s'agit d'une république , et telle était la préoccupation des citoyens, la Grèce ou Rome en offrent le type. Un vain prestige de gloire , un enthousiasme irréfléchi font oublier des luttes sanglantes ; on rêve l'indépendance avant le bonheur ; on oublie les bons princes et une paisible domination pour une turbulente souveraineté ou quelques éclairs de gloire ! Cet oubli fut dans le XIIme siècle ce qu'il a été dans le XVIIIme ; mais il eut heureusement des suites plus limitées et moins funestes!(1)

(1) Avignon et Arles , villes qui s'étaient éri-

Le premier usage que fit Avignon de sa liberté fut, après mille débats plus ou moins sérieux, d'adopter le gouvernement consulaire (¹). Deux nobles (*milites*),

gées dans le même temps en républiques aristocratiques après avoir subi les mêmes phases et à peu près aux mêmes époques , ont plié sous la même loi. Les deux premières classes y participaient seules à la formation du consulat. Tout se fit d'abord au gré des citoyens et avec l'agrément de l'évêque qui perdit plus tard une grande partie de son autorité.

Avignon avait ses vicomtes depuis la fin du Xme siècle , d'abord amovibles , puis héréditaires, qui relevaient des Comtes. Mais il ne fut plus question de cette autorité dont il ne restait que le nom vers 1180 , époque à laquelle plusieurs grandes villes du Midi se gouvernaient en république après avoir secoué depuis plus de cinquante ans le joug féodal.

(1) Nous ne pouvons fixer avec précision l'époque à laquelle fut institué le gouvernement consulaire, mais il paraît certain que ce fut en-

(¹) et deux bourgeois furent élus , souvent
un plus grand nombre ; leur autorité n'é-
tait qu'annuelle. Des juges étaient adjoints
à cette suprême magistrature qui dans bien
des circonstances s'entourait d'un conseil
formé par l'élite des citoyens (*probi homines*) (²). Les actes publics étaient datés de

tre 1130 et 1146 , puisque nous connaissons les
noms des consuls élus cette dernière année et
qu'il y a eu probablement des élections anté-
rieures peu après la cession faite par Guillaume.
(Voyez les intéressantes recherches publiées par
M. de Blégier , conservateur du Musée , sur les
vicomtes d'Avignon , *pag.* 19.)

(1) Les nobles formaient la première classe
des citoyens ; leur seule qualification était alors
celle de *Miles* , qui doit être rendu sous le rapport de la signification qu'il avait à cette époque
par le titre de *chevalier* ou de *gentilhomme*.

(2) *Probi homines* ou *prud'hommes*. On donnait ce nom à des conseillers consulaires ou à
des citoyens qui ne professaient aucun état mé-

l'année de leur élection et leurs noms y étaient apposés. L'évêque eut d'abord la plus grande influence dans les affaires, mais son autorité s'affaiblit ensuite, surtout vers la fin du XIIme siècle. Elle devint presque nulle à l'époque où les comtes de Toulouse embrassèrent ouvertement la cause des Albigeois.

Cette république fut souvent orageuse. Peut-il en être autrement lorsqu'une faction inquiète et turbulente prend trop de part à l'administration , ou lorsqu'une minorité plus ambitieuse que dévouée au bien public s'empare du pouvoir absolu ? Heureusement une puissance médiatrice servait ici de contre-poids , c'était celle de l'évêque pour laquelle les divers partis eurent long-temps une déférence respec-

canique , et à tout ce qu'il y avait de plus notable après la noblesse. On n'attache plus aujourd'hui la même idée à cette expression.

tueuse (1). L'épiscopat la méritait à double titre dans un siècle aussi peu éclairé et placé entre la barbarie et la civilisation, ou plutôt entre le glaive et l'Evangile ; il la méritait, dis-je, comme une autorité non moins respectable par ses augustes fonctions que distinguée par ses lumières. Malheur aux peuples qui la dédaignent après avoir vécu sous sa bienfaisante influence !

En 1134 les habitans d'Avignon divisés, sourds à toute autre espèce de conciliation, se réunirent à la voix de leur évêque Goffredi

(1) La grande influence de l'évêque partait d'une double autorité, d'abord de celle attachée à son titre respectable, ensuite des prérogatives que lui concédait l'empire. Après que les comtes gouverneurs des provinces eurent usurpé les droits des empereurs dont ils tenaient leur autorité, plusieurs villes à leur tour secouèrent le joug des comtes, mais sans méconnaître comme eux la suzeraineté impériale. Les empereurs voyaient d'ailleurs avec plaisir un gouvernement opposé à celui de ces usurpateurs.

(Geoffroi), qui leur fit adopter un réglement plein de sagesse relatif à l'administration générale et aux attributions du consulat. En voici les principaux les articles : (1)

Les consuls promettent, sous la foi du
serment, de ne recevoir aucun don, de ne
se rendre redevables d'aucun service inté-
ressé, de n'écouter aucune proposition qui

(1) La plupart des dissensions et des luttes
relatives au pouvoir avaient lieu entre les nobles
et les bourgeois, (on ne donnait alors ce dernier nom qu'à des personnes honorables qui
sans état mécanique vivaient de leurs revenus).
D'autres fois chacune de ces classes étaient di-
visées entre elles et alors le peuple embrassait
suivant ses intérêts, ses caprices, ou une impulsion étrangère, tantôt un parti, tantôt l'autre. Il paraît que dans des circonstances très-
importantes, les chefs des corporations étaient
appelés pour donner plus de poids à l'autorité,
mais que jamais le peuple n'eut une part active
à un gouvernement dont l'aristocratie était le
principal ressort.

leur serait particulièrement avantageuse et qui pourrait les faire dévier du sentier de la justice, de gouverner avec la plus grande impartialité, et de ne recevoir d'autre rétribution que leurs honoraires payés par la ville. Le consul noble (*miles*) recevait cent sols (*centum solidos*) et le bourgeois cinquante.

Ils ne touchaient cette somme qu'autant que leur probité avait été à toute épreuve. Ils jugeaient sans appel les causes civiles et criminelles selon les lois coutumières (*secundùm antiquum morem civitatis Avenionensis*). L'injure était punie par une amende au profit de la personne insultée. Les plaintes des domestiques ou des enfans d'une personne recommandable qui auraient été punis par des coups, étaient rejetées. Le citoyen qui avait contracté des dettes vis-à-vis d'un étranger, était tenu de le payer et de vendre ses propriétés s'il ne pouvait s'acquitter autrement. Les vols, les rapts, les homicides, étaient punis comme ils l'ordonnaient. Ils pouvaient s'adjoindre des conseillers, sans toutefois y être contraints, mais toujours d'une réputation sans tache (*probi homines*). Ainsi que les juges, ils ne pouvaient être élus deux ans de suite. Deux fois l'année, en présence de l'évêque, les balances, les poids, les mesures de capacité, celles de longueur devaient être attentivement vérifiés et des amendes infligées à l'infidélité. Les consuls devaient faire une égale application des lois sans acception des personnes, quel que fût leur rang, selon la nature du délit et des circonstances qui l'accompagnaient, etc, etc, (1).

(1) Trois ans après, l'empereur Frédéric en approuvant les lois données à la république par l'autorité épiscopale et adoptées par les citoyens, les engage à conserver avec leur évêque la plus étroite union.

La liberté des villes d'Arles, d'Avignon, etc, fut légitimée par les empereurs d'Allemagne

On voit que le pouvoir consulaire avait une étendue presque illimitée. Ces lois impartiales, fidèlement observées, aussi-tôt exécutées, étaient bien faites pour maintenir l'ordre ou le rétablir prompte-ment et attirer l'étranger dans une ville dont le site était favorable pour étendre au loin ses relations commerciales. Aussi, Avignon devint bientôt si florissant, et sa population augmenta si rapidement avec son commerce, qu'il renferma bientôt un grand nombre d'édifices remarquables et que les deniers publics purent suffire à la dépense d'un pont d'un quart de lieue de

alors rois d'Arles, que les comtes et marquis de Provence avaient laissés sans autorité. Les évê-ques, au contraire, étaient soumis aux empe-reurs qui leur avaient cédé une partie de leurs droits pour en faire part aux citoyens. Mais plus tard, ces républiques, en méconnaissant l'au-torité épiscopale, marchèrent sous l'étendard de l'ingratitude et de la révolte.

3

longueur , construit en 1177. Nous possé-
dons dans nos archives un procès-verbal
où sont consignées les singulières circonstances qui précédèrent l'érection de cet
utile monument. On travailla onze ans à sa
construction. Saint Benezet voulant consa-
crer cet édifice utile par un acte de bien-
faisance , fonda vers 1187 un institut religieux pour surveiller son entretien, et un
hôpital qui fut bâti à la tête du pont pour
recevoir et servir charitablement les voyageurs étrangers.

C'est dans la chapelle bâtie après la troisième arche que Benezet voulut être enseveli.

Dès qu'on put traverser le fleuve sur ce
pont , dont il existe encore des arches
d'une hardiesse étonnante , les consuls,
qui, conjointement avec l'évêque , gouvernaient la république, firent un réglement
pour les droits de péage , rétribution qui
devait servir à son entretien : le cavalier

et son cheval fut taxé à 2 deniers, un âne à 1, un traîneau à 4, un piéton à 2 oboles, un cochon à 1 obole, etc; on fit aussi un tarif pour les marchandises.

Les finances étaient en si bon état, les nouveaux impôts si peu nécessaires à une bonne administration, qu'en 1198 l'évêque et les consuls exemptèrent de toute taxe les habitans d'Avignon, tant leurs personnes que leurs propriétés, leurs meubles, leurs marchandises, soit sur terre, soit en remontant ou en descendant le Rhône. Cette importante délibération fut prise avec la formalité la plus solennelle.

La république étendait sa juridiction sur la rive droite du Rhône. Elle força l'abbé Bertrand et les religieux de Saint-André à des excuses et à un nouveau serment de fidélité, parce qu'on s'était porté sur les terres de cette abbaye à des excès outrageans contre des Avignonnais et à des

propos injurieux sur le compte des consuls
et des citoyens.

Tant que ce petit État sut se gouverner
par lui-même , guidé par les conseils et la
sagesse épiscopale , il fut heureux et florissant ; mais dès qu'il se lia imprudem-
ment aux intérêts de Raymond VI , comte
de Toulouse , auquel il fournit des auxiliaires , sa fortune changea de face. Les
dons funestes du comte furent le prélude
de ses revers ; il ne lui faisait des concessions que pour se l'attacher , le compro-
mettre et le forcer à défendre sa cause et
celle des Albigeois. Il y réussit si bien
qu'après lui avoir fait partager ses erreurs
il l'entraîna avec lui dans l'abîme. Malgré
la sagesse des lois , la tranquillité d'une république se trouve souvent compromise ;
la division du pouvoir multiplie les élémens
de discorde. Avignon en fit plusieurs fois
la malheureuse expérience.

Sur la fin de 1214 , il s'éleva des contes-

tations très-animées entre les nobles d'une
part , les bourgeois et le peuple de l'autre ,
(*Diabolo surgente*, est-il dit dans le traité
de conciliation , *inter milites Avenionis et
alios cives ejudem civitatis propter lesdas
et pedagia usatica salis et propter linguas
boum.*) On devait être exempt d'impôts d'a-
près les priviléges de 1198 ; mais il n'en
était point ainsi ; quelques nobles qui en
avaient la perception les exigeaient non
moins rigoureusement des citoyens que
des étrangers. L'exaspération était au comble et le sang eût coulé, si un cardinal-
légat n'eût nommé pour arbitres Bermond ,
archevêque d'Aix, et Guillaume de Monteil,
évêque d'Avignon. Après avoir entendu les
réclamations de cinquante députés du peuple, cinquante de la noblesse et reçu douze
ôtages de chaque parti, ces arbitres firent
succéder la justice et la modération aux
emportemens et à la fureur. Ils terminè-
rent le 27 février 1215 un différent qui

pouvait avoir des suites très-fâcheuses. Le juge et les huit consuls parmi lesquels était un Rancurel, sont nommés dans l'acte de médiation. Dans ce siècle moins éclairé que le nôtre, l'expérience du passé n'était point tout-à-fait perdue, et dans les circonstances les plus graves on se jettait avec confiance entre les bras de son pasteur, même à l'époque où une politique subversive commençait d'en affaiblir l'autorité.

Raymond en vint bientôt à ses fins. A l'aide des Avignonnais ses nouveaux auxiliaires, il s'empare du Comtat malgré la disposition du Concile de Latran, ranime le parti des Albigeois et donne à la république en 1218 Caumont, le Thor, Girmaignanègues, Touzon et Joncquières, en reconnaissance du service que la république lui avait rendu. (1)

(1) En 1216, Raymond VII, à l'aide des Avignonnais, s'était emparé du pays Vénaissin, au mépris du concile de Latran.

L'interdit, peut-être même l'excommunication qu'Honoré III lança dans cette
circonstance sur Avignon et les états du
comte de Toulouse, nous laisserait entrevoir, si la suite des événemens n'en était
une preuve certaine, qu'un grand nombre
de citoyens en embrassant la cause de
Raymond partageait les erreurs de la secte
dont il était le défenseur, et que ce schisme, joint à leur conduite téméraire, furent

Quelque temps après, le Comtat ayant été
repris, on grava probablement sur une longue
pierre que nous n'avons point dans son entier,
l'inscription en vieux langage dont personne n'a
parlé, et qu'on lit à Visan, en caractères du
XIIIᵉ siècle, sur la porte de la chapelle de No-
tre-Dame-des-Vignes; inscription qui appartenait à une chapelle plus ancienne : elle commence par ces mots qui signifient, je crois,
JE RENIERAI RAYMOND, etc. N'ayant pas fait une
étude des monumens de cet âge, je ne parle de
cette singularité que pour fixer l'attention des
connaisseurs sur cette inscription remarquable.

les causes d'un siége qui devait bientôt
ruiner une ville florissante et ne lui laisser
que le douloureux souvenir de sa liberté
et de son ancienne opulence. Raymond VII
adoptant le système politique de son père,
soit pour se faire un plus grand nombre
de partisans, soit pour s'attacher davan-
tage les Avignonnais, leur céda en 1212
tous les droits qu'il avait sur le monastère
de St-André, ainsi que sur le bourg du
pont de Sorgues et toutes ses dépendan-
ces. Malheureusement cette époque si
brillante pour la république touchait à celle
de ses revers.

Des dissensions intestines, tristes prélu-
des d'une grande catastrophe, commencè-
rent à abaisser sa grandeur. Avaient-elles
leur source dans la hauteur ou l'ambition
des grands, dans l'inconstance du peuple,
dans l'influence d'une politique étrangère?
je l'ignore. Les partisans de Raymond dé-
siraient-ils un gouvernement plus concen-

tré , plus facile à influencer aux approches du péril ? je l'ignore encore. Quoi qu'il en soit , le mécontentement fut à son comble et le soulèvement devint général , quand vers 1226 le pouvoir d'un seul fut substitué au gouvernement des consuls. Les partis en vinrent aux dernières extrémités ; les uns, forcés de sortir de la ville , se vengeaient en ravageant les propriétés de leurs conci-toyens ; les autres , pillaient les maisons de ceux qui étaient dehors. La guerre civile était déclarée, le désordre était à son comble lorsque les plus sages proposèrent des arbitres , à la vérité moins révérés et moins influens dans ces temps de schisme , mais dont on appréciait encore la popularité , la modération et la sagesse. Il fut dès lors convenu de nommer pendant dix ans un magis-trat suprême, une espèce de dictateur sous le nom de podesta (¹); et d'adopter, pour

(1) Le premier podesta d'Avignon fut Spinus de Surrexina, nommé en février 1226. Il fallait

le maintien de l'ordre, un réglement des plus sévères. Quand les lois de Solon sont

être de cette ville pour parvenir au consulat; mais on pouvait choisir ailleurs un podesta. Le plus souvent étrangers, ils avaient le titre de *Seigneurs* (Domini) qui n'a jamais appartenu aux consuls : ils ont été pendant vingt-cinq ans à la tête de la république, depuis 1226 jusqu'à 1251. Cette dignité annuelle était presque toujours conférée à la noblesse. Le conseil général confirma pendant trois ans de suite la nomination de Barral des Baux, qui fut encore nommé à cette suprème magistrature depuis 1249 jusqu'en 1251, an dernier de la république avignonnaise.

Un des monumens les plus précieux que la ville d'Avignon ait dans ses archives, est le cartulaire de Perceval Doria, podesta de cette ville. En voici la table chronologique extraite des *Mémoires pour servir à l'histoire des propriétés territoriales*, par M. le marquis de Fortia d'Urban.

1209. Aux nones de septembre, procédure des consuls d'Avignon contre le comte de Tou-

méconnues, on en est souvent réduit à la triste nécessité de recourir à celles de Dra-

louse; ils ordonnent la démolition d'un édifice. (La forteresse du pont de Sorgues.)

1212. Le 6 des ides d'avril, une contestation relative au pont de Sorgues est terminée par un accommodement. La ville d'Avignon avait alors huit consuls et un juge.

1212. En juillet, Raymond, fils du comte de Toulouse, cède à la ville d'Avignon tous ses droits sur le château de St.-André et sur le pont de Sorgues.

1216. En novembre, le même Raymond fait diverses concessions à la ville d'Avignon qui avait alors huit consuls et deux juges.

1218. Le 18 des calendes d'avril, le même Raymond fait encore diverses donations à la ville; on ne voit dans cet acte que sept consuls et un juge. Il donne à Avignon : Caumont, le Thor, Girmaiguanègues, Touzon et Joncquières.

1218. Aux calendes d'août, Petrus Amicus et Gerardus Amicus firent diverses donations à la ville d'Avignon qui avait alors un juge et

con et d'obtenir par la crainte et la force
un calme qui ne peut l'être par l'indulgence

sept consuls. Pierre et Giraud l'Ami, de l'ancienne maison de Sabran, confirment la do-
nation de Raymond.

1221. Le 10 des calendes d'octobre, Langérius
de Codaleto promit à Bertrand de Ponte, no-
taire, et aux consuls d'Avignon une certaine
somme. Un juge et huit consuls figurent dans
cet acte.

1222. Le 7 des ides de juin, les consuls d'A-
vignon firent une promesse pour cette même
somme. On trouve ici deux juges et sept consuls.

1223. Le 4 des nones d'avril, les consuls, au
nombre de sept, assistés de deux juges, firent une déclaration.

1226. Aux nones de février, les citoyens, fati-
gués de leurs dissensions, firent la paix. On
voit dans cet acte un podesta nommé Spinus
de Surrexina.

1227. Le 15 des calendes de juillet, convention
entre l'évêque et la ville d'Avignon au sujet
d'un moulin. Le podesta est ici Guillaume de
Laudun.

et la raison. Cet expédient réussit. Voici les principaux articles du nouveau régle-

1227. Le 3 des nones de septembre, paiement d'une dette de la ville d'Avignon par le conseil général des principaux citoyens. On y voit deux podestats, savoir : Guillaume Raymond d'Avignon et Raymond de Riali.

1229. Le 3 des calendes d'avril, les consuls passent le bail à ferme d'un moulin. On retrouve ici deux juges et huit consuls, sans podesta.

1232. Aux nones d'avril, les consuls, au nombre de sept, assistés de deux juges, transigent avec Bermond, évêque d'Avignon. Il n'y a point encore de podesta. Cette même année, le podesta Perceval Doria ordonne la rédaction d'un cartulaire.

1233. Aux calendes d'avril, accord du podesta Perceval Doria et de la ville d'Avignon avec Giraud l'Ami. — Au mois d'avril, le même podesta fit faire l'inventaire des biens de la ville d'Avignon.

1234. Le 2 des nones de juin, on fixa les linites qui séparent les territoires d'Avignon

ment : — Il est convenu sous la foi du serment, 1° que celui qui enfreindrait avec homicide le présent traité de paix serait puni de mort ; ou si on ne pouvait le saisir, banni à perpétuité quel que fût son rang, et ses biens confisqués ; 2° dans le cas où le dommage ne serait que pécuniaire, le coupable serait condamné à une amende cinq fois plus grande et à celle de 1000 sols en faveur du fisc ; que s'il ne pouvait la payer, le podesta lui ferait couper un membre ; et dans le cas où on ne pourrait le saisir, un

et de Barbentane. Henri de Spingo étant podesta.

1255. En février, on dressa l'inventaire des censes qu'avaient dans le territoire d'Avignon les comtes de Toulouse et de Provence.

Avec l'original de tous les actes dont je viens de citer les titres, on pourrait écrire quelques pages intéressantes de notre histoire. Les dates exactes et les notions que cette table renferme m'ont paru assez importantes pour être rapportées dans cet opuscule.

exil perpétuel expierait son crime. On
sentit le besoin de cette extrême sévérité,
et ces lois pénales, reçues avec un assen-
timent général, firent renaître la confiance
et la paix parmi les citoyens.

Si le calme intérieur dépendait des habitans, il n'était plus en leur pouvoir de
conjurer l'orage qui grondait sur leurs
têtes.

L'excommunication contre les Albigeois
était lancée, et bientôt une croisade fut
dirigée contre Raymond, fauteur de l'hérésie et usurpateur des biens et des priviléges de l'Eglise. La république était
trop dévouée au comte de Toulouse pour
ne pas être enveloppée dans sa disgrâce.
Cinquante mille croisés, à la tête desquels
étaient Louis VIII et le cardinal St.-Ange,
légat du pape, descendent le Rhône avec
un religieux enthousiasme : rien ne résiste
aux drapeaux de Louis unis aux bannières
de la foi. Cependant Avignon, qu'ils pen-

saient occuper en conquérans sans coup
férir , ferme ses portes , soit à l'instigation
de Raymond , soit dans la crainte d'en-
courir les peines que l'excommunication
faisait redouter. Le roi et le légat décla-
rent qu'ils entreront de force , si on se refuse à les recevoir. Les Avignonnais con-
sentent à les laisser entrer , pourvu qu'ils
n'aient qu'une suite peu nombreuse. Piqués
de cette insultante condition et peut-être
par mesure de prudence, on se dispose à
tout obtenir par les armes. Le siège commence le 10 juin. On fait une attaque sur
trois points , et les assaillans sont repous-
sés avec perte. Les Avignonnais rempor-
portent quelques avantages dans plusieurs
sorties et se défendent pendant trois mois
contre une nombreuse armée ; mais , obligés de céder au nombre , ils sont forcés
de capituler le 12 septembre 1226 (¹)

(1) Mathieu Pâris rapporte que le légat et les

Voici ce que raconte Nouguier, *His-*
toire de l'Eglise, des Evesques et des Ar-
chevesques d'Avignon, au sujet de ce siége :
« L'an 1226 , Louis VIII ayant pris,

autres prélats qui étaient au siége d'Avignon,
voyant qu'on ne pouvait rien avancer , et qu'au
contraire on était exposé à de grandes extrémités, firent avertir les habitans , de l'avis des
principaux de l'armée, qu'ils eussent à députer
douze d'entre eux au camp pour traiter de la
paix, et le légat leur promit une sûreté entière.
Les députés étant arrivés ils entrèrent en confé-
rence : le légat leur promit que si leurs compa-
triotes voulaient se rendre, on leur conserverait
leurs biens et leurs priviléges. Mais les Avignonnais firent difficulté de se rendre aux Français
dont ils avaient éprouvé , disaient-ils, plusieurs
fois l'insolence et la dureté. Enfin le légat ob-
tint par caresses qu'ils lui permettraient d'entrer dans leur ville avec les autres prélats pour
s'informer par lui-même si le rapport désavan-
tageux qu'on avait fait au pape touchant leur
foi était fondé ; les assurant par serment qu'il
avait ainsi exprès traîné le siége d'Avignon en

4

depuis quelques années , la croix contre
les Albigeois hérétiques , assiégea et prit
Avignon. Les auteurs en ont écrit diverse-
ment. Nous rapportons ici ce qu'en a dit
Guillaume de Puy-Laurens, chapelain de

longueur pour tâcher de sauver leurs âmes.

Les Avignonnais ne soupçonnant rien de si-
nistre , permirent au légat et aux prélats d'entrer dans leur ville avec leur suite , sous la condition marquée qu'ils promirent d'observer de
part et d'autre ; mais les Français qui étaient
avertis entrèrent pêle et mêle avec eux nonob-
stant la religion du serment ; et s'étant assurés
des portes de la ville ils y introduisirent le reste
de l'armée , firent prisonniers les habitans dont
ils tuèrent plusieurs , mirent la ville au pilla-
ge , détruisirent les murailles , etc , etc.

Guillaume de Puy-Laurens croit que l'intention
des Avignonnais était d'arrêter Louis VIII s'il
était entré dans leur ville avec peu de monde.

On trouve des détails sur le siége d'Avignon ,
par Louis VIII , dans l'*Histoire générale du Languedoc*, par un Bénédictin , tom. III , pag. 355 et
suivantes.

Raymond le jeune , comte de Toulouse ,
qui semble le plus véritable , et qui écri-
vait en même temps. C'est dans sa Chronique , chap. vm, qu'il dit : »

« L'an du Seigneur 1226 , au printemps
que les roys ont coutume d'aller à la guerre,
le roy Louis bénit de Dieu , après avoir
pris la croix accompagné du romain diacre
cardinal de St-Ange , légat du St-Siége ,
qui ne le quitta jamais , ayant assemblé
une puissante armée. , s'en vint à Lyon ,
et de là par le Rhône descendit en Languedoc. Par chemin tous les consuls des
villes que tenait le comte de Tholose lui
en apportèrent les clefs , même ceux d'A-
vignon lui furent au-devant présenter leur
obéissance et la cité : mais y étant arrivé
la veille de la Pentecôte , après qu'une partie de son armée eut passé le pont, les
habitans , de crainte d'être pillés par les
soldats s'ils entraient en nombre , ou
Dieu le voulant ainsi , fermèrent leurs por-

tes au roy et au légat, ne leur voulant per-
mettre l'entrée qu'en petite compagnie ,
sinon qu'il plût à Sa Majesté de passer avec
son armée sous la roche qui était un chemin fort étroit ; ce que le roy jugeant être
non-seulement injurieux , mais aussi dangereux , commanda qu'on campât et que
l'on dressât des machines de guerre pour
assaillir la ville ; d'autre part les citoyens
se mirent en défense. Ayant dressé de con-
traires machines pour incommoder l'armée
et les gens du roy, le siége fut rude durant
trois mois qu'il dura. Enfin , les habitans
se voyant hors de secours et sans espérance de pouvoir tenir plus long-temps se
rendirent au roy et au légat le 12 de septembre ; promettant d'obéir et d'accomplir
tout ce qui leur serait ordonné par le légat.
Le roy entra dans Avignon , fit abattre une
partie des murailles , combler les fossés ,
et après quelque séjour reprit le chemin
de Tholose en compagnie du légat.

Le 14 du même mois, jour de l'exal-
tation de la Ste.-Croix, le roi et le légat
furent processionnellement (Pierre de Cor-
bie, évêque d'Avignon, portant le St-Sa-
crement) à une petite chapelle hors la ville
dédiée à la Ste-Croix, en expiation de l'hérésie des Albigeois. Depuis lors, le St-
Sacrement fut continuellement exposé dans
cette chapelle aujourd'hui renfermée dans
nos murs. Telle fut l'origine des pénitens
gris qui se glorifient de ce beau privilége
et s'honorent en même temps d'avoir eu
Louis VIII au nombre de leurs premiers
confrères.

La ville est d'abord traitée moins sévè-
rement par un vainqueur irrité qu'elle
n'avait lieu de le craindre. Le légat en
absout les habitans, on détruit quelques
fortifications importantes, laissant cette
place dans un état qui ne permettait plus
d'opposer de la résistance, mais qui lui
laissait l'espoir de reprendre bientôt une

attitude imposante. Espérance vaine, un arrêté du légat, pris quelques mois après, jetta la consternation dans notre malheureuse ville et ruina toutes ses projets. Les historiens contemporains ont parlé de ce siége avec plus ou moins de partialité, et en ont fait des récits différens ; s'ils se contredisent dans quelques circonstances de détails, s'ils augmentent ou diminuent le nombre des morts, ils sont d'accord sur les principaux faits. Quoi qu'il en soit, il paraît qu'Avignon était décidé à une vigoureuse résistance, puisqu'avant l'arrivée des Croisés on avait fait sortir de la ville les femmes, les enfans et les vieillards. (¹) D'ailleurs Raymond attachait beaucoup d'importance à la conservation d'une place fortifiée par la nature et l'art,

(1) On avait fait labourer les champs et pris toutes les précautions pour qu'Avignon fît du moins une longue résistance.

qu'il avait remplie de soldats et de machines de guerre. Quoique absent, tout se faisait par ses ordres, et l'on ne peut douter qu'il n'eût la plus grande influence, je ne dis pas dans les opérations militaires seules, mais dans le nouveau gouvernement.

Trois mois après, une sentence du légat jette la consternation parmi les Avignonnais, et leur enlève leurs richesses, leur espérance et leur liberté. En voici les principaux articles :

1. Ils ne pourront avoir que des podestats agréés par l'évêque.

2. Ils paieront au clergé mille marcs d'argent pour l'indemniser de ses pertes.

3. Ils détruiront leurs forteresses, leurs murs et quelques tours ; combleront leurs fossés, et abattront trois cents maisons désignées par le légat.

4. Ils enverront 30 cavaliers bien équipés dans la Terre-Sainte.

5. Ils paieront six mille marcs d'argent pour les frais de la guerre ; ceux qui sont demeurés fidèles à l'église ne doivent point contribuer à cet impôt.

6. Ils livreront toutes leurs machines de guerre.

7. Ils fourniront à leurs frais un professeur de théologie.

8. Ils donneront 200 otages.

9. Ils ne porteront aucun secours à Raymond , ni à ses partisans , et ne pourront avoir aucune relation avec lui à moins qu'il n'ait été absous.

10. Ils serviront fidèlement le roy de France.

11. Ils n'auront aucun rapport avec les hérétiques Vaudois, et n'en recevront jamais chez eux, sous peine de voir démolir leurs maisons , d'avoir leurs biens confisqués , et d'être bannis de la ville.

Tous les droits de l'épiscopat et de l'église seront rétablis comme auparavant.

L'évêque , les chanoines et tout le clergé ne pourront être obligés de comparaître devant les autorités civiles , et ils seront exempts de toute espèce d'impôts.

Les immunités et les libertés des églises seront conservées ; celles-ci ne seront jamais spoliées même à la mort de leurs évêques ou de leurs recteurs , et les laïques ne pourront jamais s'immiscer dans ces sortes d'affaires. (1)

Depuis cet arrêté fatal , Avignon ne conserva qu'une ombre de son ancienne liberté ; cette ville avait le droit délire son podesta , mais à condition qu'il fût ap-

___

(1) On voit , d'après cette sentence , qu'on avait spolié les églises , qu'on s'était emparé d'une partie des revenus du clergé , qu'on avait mis de fortes contributions sur ses propriétés, qu'on s'était même porté contre plusieurs de ses membres à des actes de violence ; enfin , qu'un très-grand nombre de citoyens partageaient les idées des Albigeois.

prouvé par l'évêque. Presque rien n'était changé par la forme et tout l'était par le principal ressort. La théocratie sans force depuis quelques années, avait repris son ancienne influence ; mais si je puis m'exprimer ainsi, cette autorité semblait plus distincte, plus isolée ; il régnait de part et d'autre plus de défiance ; elle ne semblait plus comme auparavant appartenir à la même famille ; il y avait moins d'intimité entre le pasteur et son troupeau , moins de confiance entre le troupeau et le pasteur. Lorsque des liens intimes ont été brisés , lorsque l'esprit d'indépendance et de révolte s'est manifesté par des voies de fait , lorsque les plus douces lois ont été violées , il est bien difficile de voir renaître les heureux jours d'une autorité paternelle et d'une obéissance filiale. L'intérêt fut de tout temps le mobile des actions humaines : en flattant les Avignonnais, en leur faisant quelques cessions , les comtes de

Toulouse avaient étouffé en eux les plus nobles sentimens, et fait oublier une déférence, et des égards commandés par la reconnaissance et une sage politique.

L'évêque et le podesta étaient alors les chefs d'une république sans nerf, qui eut un instant la témérité de vouloir se relever sans avoir la force de se soutenir.

Soit inconstance, nécessité ou aveugle impulsion, car il en est de l'intérêt politique comme de l'intérêt personnel, les bienfaits s'oubliant plutôt que les offenses, qui eût dit qu'une ville si attachée à Raymond dût bientôt s'unir à son ennemi et prendre en faveur du comte de Provence les armes contre son malheureux bienfaiteur! Dans l'impossibilité de changer la forme du gouvernement, et de s'occuper de haute politique, on améliore (en 1243) les lois administratives; l'on décide que le dommage fait dans le territoire de la ville, sur l'autre rive du fleuve, sera puni commé s'il était commis sur la rive gauche, et que les crémens du Rhône ou de la Durance appartiendraient aux propriétaires qui auraient soufferts de l'inondation.

Il ne se passa plus rien de remarquable dans une ombre de république qui devait bientôt s'évanouir !

Des rêves d'indépendance, des cris séditieux, des agitations intestines aussitôt comprimées, sont des faits trop peu importans pour nous en occuper et pour retarder le dénouement de notre drame républicain.

Charles d'Anjou, comte de Provence, qui n'avait point abandonné ses droits sur Avignon, droits fondés sur ce que les anciens comtes ses possesseurs n'en avaient pas fait une entière et régulière cession, voulut s'en rendre maître. Il envoya des députés pour y annoncer sa résolution ; mais, au mépris de ses ordres et contre le droit des gens, ils furent insultés et cou-

rurent les plus grands dangers. Charles ,
tout occupé de la guerre d'outre-mer ,
voulant accompagner dans la Terre Sainte
le roi son frère , obligé de dévorer momentanément cet affront , renvoya jusqu'à
son retour l'exécution d'un projet con-
certé avec Alphonse , son frère, devenu (en
1249), par la mort de Raymond VII , comte
de Toulouse et seigneur du Comtat. Il
paraît qu'en l'absence de ces princes le
podesta Barral des Baux fit son possible
pour mettre Charles en possession de la
partie de la ville sur laquelle il avait des
droits; telle était aussi la volonté d'un grand
nombre de citoyens. D'autres , d'un senti-
ment opposé, républicains par principes ,
la plupart plus amis du désordre que de
la patrie , sous prétexte de liberté , répan-
daient partout le trouble, la désolation et
l'anarchie en maltraitant des citoyens pai-
sibles qu'ils disaient partisans de Charles;
ils s'en prenaient aussi à leurs propriétés ;

celles des comtes ne furent point épar-
gnées. On n'entendait que les cris mena-
çans de république, de traîtres, de mort
et de liberté. La terreur était au comble;
ce qu'il pouvait arriver de plus heureux
à cette ville infortunée, c'est qu'elle tomba
entre des mains étrangères assez fortes
pour rétablir promptement le bon ordre.
Tel était l'état déplorable d'Avignon quand
les comtes de Toulouse et de Provence
retournèrent dans leurs états. La ville d'Arles qui s'était aussi déclarée indépendante
et dans laquelle se répétaient les mêmes
scènes de désordre, fut d'abord soumise.
Alors de concert avec Alphonse auquel appartenait une partie d'Avignon, les comtes
font des préparatifs pour la réduire par
la force des armes. Une ville démantelée,
sans autre défense que quelques tours in-
térieures appartenant à des particuliers,
pouvait-elle opposer une vive résistance à
deux princes réunis, soutenus par la

France ? Il est heureux qu'à certaines époques éminemment critiques, les plus séditieux deviennent les plus lâches, et qu'un esprit de vertige et de stupeur soit le prélude de leur chute.

C'est du moins ce qui arriva ; les plus audacieux qui faisaient trembler tous les honnêtes gens par des menaces et des voies de fait, tremblèrent à leur tour ; les uns disparurent ; d'autres plus modérés et qui n'avaient tenu que des propos séditieux, changèrent de langage et se confièrent à la clémence des princes !

Alors le Parlement à la tête duquel se trouvèrent les plus sages, délibéra que la soumission pouvait seule désarmer les princes et conserver quelques avantages impossibles d'être obtenus par la force. Des députés munis de pleins pouvoirs se rendent à Beaucaire, où était établi un espèce de quartier-général pour demander la paix à tout prix. Elle fut conclue le

7 mai 1251 à des conditions moins oné-
reuses qu'on n'avait lieu de s'y attendre
et ratifiée le 10 par le Parlement ou conseil général de la ville.

Si la liberté fut sur le point de succomber en 1226 , le coup qui lui fut porté
vingt-cinq ans après la blessa mortelle-
ment.

L'espace de cent vingt ans que dura notre république , peut se diviser en trois
périodes : 1. celle de son enfance , de sa
jeunesse , de sa prospérité et de sa foi
qui dura soixante et dix ans jusqu'après
l'époque de ses rapports intimes avec le
comte de Toulouse ; 2. celle de son âge
mûr , de ses vues ambitieuses , et de l'introduction de l'hérésie Vaudoise ou Albi-
geoise dans son enceinte, qui lui devint si
funeste et dont 1226 fut le terme ; sa durée
fut de vingt-cinq ans ; 3. celle de sa dé-
crépitude et de sa fin qui eut lieu en 1251
et se prolongea aussi pendant vingt-cinq ans,

Je reviens à cette convention ou acte
solennel, qui doit être regardé comme
le terme de nos dissensions intestines, et
le coup mortel porté à notre république.
Je citerai ce qu'il renferme de plus in-
téressant, ainsi que les principales lois qui
nous ont régi, même sous la domination
pontificale, jusqu'à l'époque d'une révolution qui, abolissant tous les priviléges sans
respecter assez des statuts locaux basés
sur une longue expérience, a mis, pour
ainsi dire, au même niveau toutes les villes
du royaume.

PRINCIPAUX ARTICLES DE LA CONVENTION PASSÉE
ENTRE LES PRINCES FRANÇAIS ET LES HABITANS
D'AVIGNON.

Les Avignonnais avouant qu'ils ont agi avec
inconsidération et contre toute justice en résis-
tant aux comtes et à leurs lieutenans ou délé-
gués, et désirant rentrer en grâce, transfèrent
librement, volontairement, d'une manière irré-

5

vocable et à perpétuité aux susdits comtes et à leurs descendans, tout le pouvoir et toute la juridiction que la communauté ou tout autre en son nom possédait ou possède dans la ville et son territoire, se soumettant à leurs volontés pour la réparation des dommages causés par les citoyens, à l'évêque, aux ecclésiastiques, aux lieux religieux, aux églises, comme aussi pour les injures, offenses, faites aux comtes ou à leurs gens. Promettant d'observer exactement tout ce qu'ils ordonneront, ils jurent sur les saints Evangiles corporellement touchés, de leur être fidèles, de défendre et de protéger leur vie, de maintenir leurs droits, sauves néanmoins à la ville d'Avignon et aux citoyens tant présents qu'à venir, les libertés, immunités, priviléges et concessions confirmées à perpétuité par les seigneurs comtes, lesquels ainsi que leurs héritiers nommeront tous les ans un vicaire ou viguier (*vicarius*) étranger, non citoyen, qui aura avec lui deux juges étrangers. Ce viguier jurera sur les saints Evangiles, en parlement public, d'extirper l'hérésie de la ville, de protéger l'évêque et l'église d'Avignon, de conserver aux citoyens sans aucune acception de personnes, les libertés, immunités et priviléges

contenus dans la présente convention , de rendre droit tant aux citoyens qu'aux étrangers ,
selon les lois et bonnes coutumes de la ville ,
de s'abstenir de tous présens , excepté ceux de
bouche permis par les lois.

Les juges jureront aussi de rendre droit tant
aux citoyens qu'aux étrangers , sans acception
de personne , selon les lois et bonnes coutumes
de la ville , sans avoir égard aux affections et
inimitiés particulières , prières , argent , faveur
et menaces , de s'abstenir des présens , excepté
ceux de bouche permis par les lois ; les comtes
ou leurs héritiers ne pourront jamais vendre
les droits appartenant à la juridiction.

Les citoyens d'Avignon demeurent à jamais
libres et francs de taille , et quête *à tallia ,
quista et touta ,* sans pouvoir être contraints de
prêter ou d'acheter aux comtes , des chevaux ,
ni autre obligation quelconque , ni d'introduire
aucun nouveau péage , ou nouvelle contribution.
Toutes les causes doivent être jugées dans la ville.
On ne pourra appeler que de celles au-dessus
de la valeur de 5o sous tournois.

Si la somme est plus grande , on pourra en
appeler une fois seulement ; dans ce cas le juge
qui a donné la sentence sera appelé au viguier

qui , huit jours après l'appel , sera tenu de donner un juge d'appel non suspect à aucune des parties , lequel dans quarante jours décidera dans la ville la cause d'appel , toute action et délai cessants , et la taxe faite condamnera aux dépens le vaincu au vainqueur.

Toutes les causes doivent être jugées dans la ville ; la cour ne tiendra aucun compte des injures verbales. Les citoyens d'Avignon ne pourront pas être contraints de vendre à un prix fixe leurs blés , leurs vins , ou autres productions ; ils seront libres de les transporter partout où ils le désireront. Il leur sera permis de secourir leurs alliés , pourvu que la guerre ne soit pas déclarée aux comtes ou à l'un d'eux.

Lesdits seigneurs ou leurs lieutenans ne pourront emprisonner aucun citoyen hors le cas d'hérésie , d'homicide ou autre crime énorme.

Les bons usages et bonnes coutumes demeureront inviolables , sous la juridiction des seigneurs.

Personne ne sera condamné ou puni, s'il n'est convaincu par des preuves suffisantes ; le vicaire élira pour conseillers les citoyens d'Avignon tant nobles que bourgeois , autant des uns que des autres qui jureront de donner de fidèles conseils et de tenir secret ce qui se passera entre eux.

Les indemnités dues aux citoyens, aux églises, ou aux ecclésiastiques, seront réglées par les comtes ou par des personnes intègres chargées par eux de cet acte de justice.

Quant aux dommages, injures, offenses commises par les citoyens d'Avignon contre les comtes, leurs gens ou leurs terres, ils sont pardonnés. On excepte ceux qui doivent être punis à cause de la gravité de leur faute, par la perte des biens, l'exil ou autre peine légitime méritée pour un certain temps ou à perpétuité.

Au château de Beaucaire, 1251, le 6 des ides de mai.

On voit, d'après cette convention, fatale à la liberté, mais indispensable à l'ordre, que la ville a été traitée avec clémence par les frères de Saint-Louis, et que s'ils sont représentés par un lieutenant ou viguier chargé de la haute administration, ils laissent jouir Avignon de ses lois municipales et de tous ses priviléges ; que la tranquillité est assurée, et que soumise aux princes, cette ville goûte plus de liberté, et une liberté plus sage que sous l'ancienne charte de l'indépendance.

Depuis 1251 jusqu'en 1460, il n'y eut que des syndics pour l'administration particulière de la ville. Les papes, après l'acquisition qu'en fit Clément VI en 1348, conservèrent la forme du gouvernement adopté par les comtes. En 1460 (¹) Pie II, substitua aux syndics des consuls qualifiés de *nobiles viri*. Dans des temps plus rapprochés de nous, le premier consul était toujours noble ; le second et le troisième, bourgeois ou commerçant.

(1) En 1447 il y avait encore des syndics au lieu de consuls, comme on le voit dans une bulle de Nicolas, qui exempte les écoliers de l'Université d'Avignon, des gabelles et impôts. *Bullar. civit. Avenion*, page 63. Cette bulle commence par ces mots : *Nicolaus episcopus, servus servorum Dei, dilectis filiis sydicis, consilio et communi civitatis Avenionensis, etc., etc.*

Il ne se passa aucun événement remarquable jusqu'à l'arrivée des souverains pontifes. L'esprit d'indépendance comprimé plutôt qu'éteint, se manifestait quelquefois ; une république idéale avait encore des partisans ; quelques-uns se disaient esclaves parce qu'ils ne pouvaient faire le mal avec impunité ; mais le plus grand nombre s'estimait heureux de n'être plus exposé aux fureurs d'une liberté tyrannique et de pouvoir vivre sous un gouvernement protecteur. On avait appris à regarder l'indépendance populaire ou plutôt la brutale volonté de quelques tyrans comme un joug plus insupportable que celui d'un absolu despotisme. Il est heureux pour l'humanité qu'après les excès d'une licence effrénée, il soit presque toujours au pouvoir d'un prince ou d'un heureux soldat d'être regardé sinon comme l'idole des citoyens, du moins comme le sauveur de la patrie !

A la mort d'Alphonse , Philippe-le-Hardi son héritier devint maître du Comtat qu'il rendit au St-Siége , et de la moitié d'Avignon que Philippe-le-Bel son successeur céda à Charles II, roi de Naples et comte de Provence , possesseur de l'autre moitié. Alors les comtes de Provence furent les seuls maîtres de cette ville jusqu'à la vente faite à Clément VI , en 1348 , par la reine de Naples.

Avignon commençait à se relever de ses pertes. Une école de droit y attirait une foule d'étrangers ; cette école , fondée par les rois de Naples comtes de Provence , érigée en Université en 1303 , par une bulle de Boniface VIII , a fleuri jusqu'à la fin du XVIIIᵉ siècle. (1)

(1) Quelques passages de cette bulle nous apprennent combien l'instruction était appréciée et favorisée dans un siècle sur lequel nous ne jettons trop souvent qu'un œil dédaigneux.

Après un exposé succinct , mais plein d'inté-

En 1308 , l'arrivée de Clément V à Avignon , et le séjour qu'y firent ses suc-

rêt sur l'universalité des connaissances humaines non moins utiles par leurs continuelles applications que par leurs influences salutaires sur le bonheur de la société , le pontife expose que voulant entretenir dans les villes les plus favorablement situées un foyer de lumières , et considérant que d'après son importance , sa situation , ses relations nombreuses , Avignon mérite cette faveur , il y fonde un établissement d'études générales , où d'habiles professeurs non moins distingués dans les les sciences et les lettres que par leurs éminentes vertus , donneront des leçons *(ut in ea civitate habeantur viri industrii , litterarum decore scientiis et virtutibus praesigniti)* à des élèves qui pourront enseigner à leur tour le droit canonique et civil , la médecine et les arts libéraux.

Pour obtenir le doctorat , les professeurs assemblés sous la présidence de l'évêque , examineront *gratuitement* avec le plus grand soin , les candidats sur leur savoir , leur manière de s'exprimer et sur tout ce qui peut être relatif à l'objet de leur demande. Réunis en conseil secret

cesseurs jusqu'en 1376 ou 1403, si nous mettons Clément VII et Benoît XIII au nom-

les professeurs, après s'être communiqué leurs observations, admettront sans faveur, préten-tions, haine ou crainte, les candidats qu'ils croi-ront assez instruits et éloigneront ceux qui n'au-raient que des connaissances insuffisantes.

Ainsi reçus, ils pourront sans autre formalité professer partout où ils le désireront sans qu'on ait le droit de s'y opposer.

Avant d'entrer en fonctions, ils prêteront ser-ment de se rendre aux convocations faites pour les examens, à moins d'un empêchement légi-time. Ils examineront sans haine ni prédilection, ils se donneront entre eux des conseils conscien-cieux, recevront les élèves qu'ils croiront dignes du titre qu'ils sollicitent et refuseront d'admet-tre ceux qui ne le mériteraient pas.

Pour que les maîtres et les disciples se livrent à l'étude avec plus de liberté et de succès, ils jouiront des priviléges concédés aux docteurs et aux écoliers des autres universités.

Cette bulle renferme deux clauses très-impor-tantes : 1° *Le choix des professeurs chez lesquels*

bres des souverains Pontifes, donnent à cette ville un lustre nouveau. Sa population double tout-à-coup. Les citoyens cèdent leur demeures à d'illustres étrangers. Tout est interverti : de nouveaux usages succèdent aux anciens dans une capitale improvisée qui gagne en richesses ce qu'elle perd malheureusement du côté des mœurs, surtout lorsqu'une multitude se trouve long-temps refoulée dans un espace étroit et que l'or s'y répand avec profusion. De nouveaux vices , des vices inévitables que Pétrarque censure avec amertume , souvent avec toute l'exagération que son amour pour la solitude et que son antipa-

la vraie philosophie ou plutôt la vertu doit être unie à la science. 2° Une instruction absolument gratuite et des priviléges accordés aux étudians. Puisse notre Université profiter du noble exemple que donna un pontife dans un siècle qui nous semble à demi-barbare !

thie pour notre ville lui multiplient, ne peuvent que s'y propager (¹).

Tel fut Avignon devenu dans le XIVᵉ siècle la métropole de la chrétienté, celle des lumières et le centre de la diplomatie européenne. Des souverains, des princes, des cardinaux, des évêques, s'y rendaient de toutes parts pour y discuter leurs droits, y terminer leurs différents, ou briguer de nouvelles faveurs. Ce que fut l'antique Rome par la force des armes, Avignon le devint par l'empire de la foi!

Nous avons vu un congrès momentané près duquel toutes les puissances avaient

(1) Depuis Pétrarque, de nouveaux Zoïles ont fait des satires plus ou moins scandaleuses, plutôt en haine de l'église et des pontifes, que par amour pour la vérité. Etait-il possible qu'une ville pouvant à peine contenir une immense population qui lui communiquait les vices de tous les climats, pût être inacessible à leur funeste influence.

un représentant. Un congrès où les souverains se rendaient en personne , fut pour
ainsi dire en permanence dans nos murs
pendant soixante et dix ans ! Les papes ,
oracles de leur siècle , élevés par leurs
vertus et leurs vastes connaissances au
trône pontifical , dictaient les plus importantes délibérations , et faisaient pencher
la balance. Si on leur reproche quelques
erreurs inséparables de la nature humaine ,
leurs actions signalent de grandes vertus.
Un examen attentif de leurs actes , depuis
saint Pierre jusqu'à Grégoire XVI, démon-
tre que le mal dont on les accuse , ainsi que
le dit un philosophe du siècle au sujet des
Jésuites , ne balance pas un moment les
services qu'ils ont rendus à la société.

« Le mal passager , observe le même
écrivain, que quelques papes ont fait, a
disparu avec eux ; mais nous ressentons
encore tous les jours l'influence des biens
immenses et inestimables que le monde en-

tier doit à la Cour de Rome. Cette Cour s'est toujours montrée supérieure à son siècle. Elle avait des idées de législation de droit public ; elle connaissait les beaux-arts, les sciences, la politesse, lorsque tout était plongé dans les ténèbres des institutions gothiques. » (1)

(1) Je ne puis passer sous silence le nom de Papes qui ont siégé dans cette ville, ni quelques actes importans, ni l'époque où a été construit l'immense édifice qu'ils y ont fait élever, l'un des plus remarquables de l'Europe, sinon par l'élégance de sa construction, du moins par sa masse imposante, son irrégularité majestueuse et sa bizarre architecture.

CLÉMENT V arriva dans cette ville en 1305 et logea au couvent des Frères Prêcheurs ou Dominicains. Après avoir visité le Comtat, il choisit, pour se délasser des peines d'un pontificat orageux, un joli site, près de Malaucène, voisin du Prieuré de Notre-Dame de Grozelle, à l'extrémité d'un vallon, où il fit bâtir un château. Urbain IV avait institué la fête du Très-Saint Sa-

Clément V, Jean XXII, Benoit XII, Clément VI, Innocent VI, Urbain V et Grégoire XI

crement en 1264. Pour donner plus de solennité à cette fête, Clément institua en 1311 la procession du Saint-Sacrement. Les Avignonnais la firent les premiers avec la plus grande pompe.

Après sa mort, le corps de Clément V fut confié, comme il l'avait voulu, aux chanoines d'Useste qui le transférèrent dans leur église, où ses parens lui firent élever un magnifique mausolée.

Jacques d'Ossa, qui avait été évêque d'Avignon, fut élu pape en 1316 et prit le nom de JEAN XXII. Il accorda des indulgences à tous les fidèles qui visiteraient l'église de Notre-Dame des Dons ; il institua l'*Angelus*, prière qui, d'abord affectée à la patronne de cette église, s'est répandue dans tout le monde chrétien. Il agrandit le palais qu'il habitait près l'église de Saint-Etienne, voisine du rocher.

Il mourut le 4 décembre 1334, et fut enseveli dans la cathédrale d'Avignon, où l'on voit son curieux mausolée. Lorsqu'en 1759 on changea de place ce monument, son corps fut trouvé

qui siégèrent dans notre ville pendant soixante et dix ans, doivent être mis au

entier. Il n'avait de longueur que cinq pieds ; ses bras étaient croisés sur sa poitrine ; il avait des gants de soie blanche et au doigt une grosse bague d'or avec une pierre bleue ; il était vêtu d'une tunique de soie violette et avait par-dessus une grande chape enrichie d'une quantité de petites perles, et sur la chape le pallium ; sa tête était couverte d'une petite mitre de soie blanche dont les bouts pendans étaient de soie rouge.

BENOIT XII lui succéda en 1335. Il fit élever la partie septentrionale du Palais qu'il termina par la plus haute tour nommée Trouillas ou Troulias, et fit acheter le local que nos archevêques habitaient avant la révolution. Ce local est aujourd'hui celui qu'occupe le petit séminaire.

Ce pontife fut enseveli dans la cathédrale d'Avignon, dans une chapelle bâtie exprès, où on lui éleva un mausolée que le temps a détruit et auquel on en a substitué un autre.

En 1342, CLÉMENT VI fut son successeur.

au nombre des papes élevés par leur mérite au trône pontifical. Non moins émi-

Ce pontife acheta Avignon 80,000 florins d'or
de Florence. Cette vente, faite en 1343 par la
reine Jeanne dans son palais d'Avignon, fut
approuvée par Louis de Tarente, comte de Provence, son mari, et ratifiée par l'empereur
Charles IV.

Cette même année sévit le fléau le plus
terrible dont les annales de l'Europe aient conservé le souvenir. Jamais peste ne fut aussi
générale ni aussi meutrière; on frémit en lisant
les auteurs qui en ont été les témoins oculaires.
Elle fit dans Avignon plus de 30,000 victimes;
1,400 personnes y moururent dans les trois jours
qui précédèrent le 4me dimanche de carême. Florence et d'autres pays d'Italie furent encore
plus maltraités. On comptait 80,000 âmes à Avignon avant cette peste : ce nombre se trouva
réduit à celui de 50,000 après la cessation de
ce fléau. Il périt 17,000 individus en quatre
mois; la population, réduite à moins des deux
tiers par la contagion, diminua encore au départ des papes. Les pestes de 1580, 1630 et

nens par leurs vertus que par leur savoir, plusieurs d'entre eux avaient pro-

1720 la réduisirent au nombre de 18,000 âmes.
Depuis cette dernière époque , Avignon s'est
encore repeuplé. Le dénombrement fait avant
1789 donne 26,000 âmes. Ce nombre, qui a
diminué de près d'un tiers pendant les derniers
orages politiques, augmente chaque jour : sa
population est aujourd'hui de 31,000 âmes.

Clément agrandit le palais qu'avait commencé
Benoît XII, en fit bâtir la partie antérieure et
celle qui touche l'ancien palais de la Vice-Gé-
rance, ainsi que la grande chapelle ornée de
belles peintures. Cette partie de l'édifice est encore remarquable par ses dégagemens ménagés
dans l'épaisseur des murs et par de vastes ter-
rasses à plus cent pieds d'élévation. La salle du
consistoire où l'on rendait la justice fut décorée
par les plus habiles peintres de l'époque. Clément y fit représenter l'Eternel sur son trône,
ayant à ses côtés les saints personnages du vieux
et du nouveau Testament qui avaient proféré
quelque maxime ayant rapport au droit natu-
rel, à la justice, à l'équité ; ces maximes étaient

fessé le droit avec distinction. Tous , ar-
dens propagateurs de l'Evangile et des

écrites sur un rouleau mis entre les mains de
celui qui en était l'auteur. Clément voulait ap-
prendre par là que la vérité seule devait régner dans les décisions. Ces peintures ont disparu ou sont à demi effacées. Ce qui nous en
reste, et qu'on prend soin de conserver , mérite
encore l'attention des connaisseurs.

Une partie des murs d'Avignon fut construite
sous son pontificat et deux arches du pont furent
relevées.

On présenta à Clément VI une supplique qui
contenait son éloge et la reconnaissance du
suppliant en six vers latins , qui , lus au rebours,
présentaient le libelle le plus diffamant. L'auteur devait en faire usage en cas que le pontife
lui eût refusé la grâce qu'il lui demandait.

Voici ces vers que leur singularité me fait
rapporter :

Laus tua, non tua fraus, virtus non copia rerum,
    Scandere te fecit, hoc decus eximium
Pauperibus tuá das, numquam stat janua clausa,
    Fundere res quæris, nec tua multiplicas.
Conditio tua sit stabilis, non tempore parvo
    Vivere te faciat, hic Deus omnipotens

missions étrangères, se plaisaient encore
à mutiplier les connaissances d'une indis
pensable utilité.

Le corps ds Clément VI, d'abord déposé dans
la cathédrale, fut transféré dans l'église de la
Chaise-Dieu, où, pendant sa vie, il s'était fai
ériger un mausolée dont les pièces avaient été
faites à Villeneuve, sous ses yeux.

INNOCENT VI, élu en 1352, aimait à se
soustraire au tumulte de sa cour pour aller dans
sa retraite de Villeneuve qu'il destinait à la
demeure des Chartreux. Sous son pontificat
Hérédia, gouverneur d'Avignon et du Comtat,
présida à la construction des murs qui entou-
rent notre ville, dont la Durance abattit une
partie en 1359.

Le 21 septembre 1354, l'hôpital Ste-Marthe
fut fondé et doté par Bernard de Rascas, noble avignonnais (miles), et par Louise de Gros,
son épouse. Madelaine Lartessut lui légua, en
1500, 30,000 francs. Egid. Berton de Crillon
l'institua son héritier; Julien des Grillets lui
laissa 10,000 écus; Antoine de Lopes; 50,000.
On lit sur la façade de cet hôpital les noms

Après le départ de Grégoire XI , Clément VII et Urbain VI parvinrent tous les

de ces bienfaiteurs. En honorant la mémoire
d'un étranger qui ouvrit une nouvelle carrière
à notre industrie, n'oublions pas que la géné-
rosité bienfaisante et le vaillant ami du meil-
leur des princes réclament une dette plus sa-
crée.

Innocent VI confirma , en 1357, la 6e année
de son pontificat, la convention passée en 1251
entre la ville d'Avignon et les comtes, qui le
fut ensuite par d'autres pontifes.

On voit à Villeneuve le magnifique tombeau
d'Innocent VI qui s'était toujours appliqué à
faire régner la justice dans ses tribunaux , à
favoriser les sciences et à protéger les savans.

URBAIN V , parvenu à la papauté en 1362 ,
éleva une septième tour nommée tour des **Anges**,
termina la partie orientale du palais, au-dessous de laquelle était un magnifique jardin ,
donna le nom de Rome à ce bâtiment, à cause
de sa beauté. Il fit encore bâtir un beau château au pont de Sorgues , aussi régulier que le
palais d'Avignon l'était peu. Une partie de ce

deux à la papauté ; le premier résida à

château fut détruite par les calvinistes, l'autre
par les vandales de la révolution. Il érigea à
Montpellier, où il avait professé le droit canonique, une église consacrée à saint Benoît et
un monastère pour loger un grand nombre de
religieux. Il assigna des fonds pour leur entretien, afin qu'ils ne fussent occupés que du service divin et de l'étude des sciences. Il fonda
dans la même ville un collége pour douze écoliers qui étudieraient la médecine. Exact à tous
les consistoires, il voulait que toutes les causes
se décidassent sans délai, et surtout celles des
pauvres qu'il défendit toujours contre les pro-
tections injustes et contre l'avidité des avocats
et des procureurs. Il entretint jusqu'à 3,000
écoliers dans divers colléges. Pendant sa dernière maladie, il voulut que chacun pût le voir.
Il était sur un lit sans ornemens, vêtu de ses
habits de religïeux qu'il n'avait jamais quittés,
tenant dans ses mains un crucifix. Son corps
fut transporté à Marseille, dans l'abbaye de
Saint-Victor, où il voulut être enseveli.

GRÉGOIRE XI lui succéda en 1370. Il institua la fête de la Présentation de la Ste-Vierge.

Avignon et le second à Rome. Loin de

Après cinq ans de résidence à Avignon, il ré-
solut de transférer le Saint-Siége à Rome. Il
reçut avant son départ l'hommage des Avignonnais; confirma leurs priviléges par une bulle
du 23 du mois d'août 1376; défendit par une
autre bulle l'aliénation d'Avignon et du Comtat,
et partit le 13 septembre pour l'Italie, où ses
successeurs ont fixé leur résidence. Ce pontife
mourut dans le palais du Vatican. On voit à
Rome, dans l'église de Sainte-Marie-la-Neuve,
son mausolée sur lequel est représentée en bas-
relief la translation du Saint-Siége d'Avignon
à Rome, avec cette inscription :

CHR. SAL.
GREGORIO XI LEMOVICENSI
HUMANITATE, DOCTRINA, PIETATEQUE
ADMIRABILI, QUI UT ITALIAE SEDITIONIBUS
LABORANTI MEDERETUR, SEDEM PONTIFICIAM
AVENIONEM DIU TRANSLATUM, DIVINO
AFFLATUS NUMINE, HOMINUMQUE MAXIMO
PLAUSU POST ANNIOS SEPTUAGINTA ROMAM
FELICITER REDUXIT
PONTIFICATUS SUI ANNO VII.

Cette longue note est extraite en partie de
l'*Histoire des Pontifes qui ont siégé dans Avignon*,
par T.....

maintenir cette ville dans son état de splendeur, les papes Avignonais, que ceux de
Rome, revêtus d'une plus grande influence
et d'une autorité plus légale, ne devaient
point reconnaître, n'attirèrent dans nos
murs que des divisions, des troubles et des
orages dont les citoyens furent les témoins
et quelquefois les acteurs et les victimes
(1394). Pierre de Luna, successeur de Clément, prit le nom de Benoît XIII. Le parti
du pontife romain l'emporta, et plusieurs
princes ne voulurent plus reconnaître le
pape d'Avignon. Celui-ci, se voyant sur le
point d'être entièrement abandonné, fit venir des troupes d'Espagne sous les ordres
de son frère Rodrigue, l'un des plus habiles capitaines de son siècle. D'un autre
côté, le maréchal de Boucicaut fut envoyé
contre lui. Les Avignonnais, lassés des in-
sultes que leur faisaient les soldats de Rodrigue, ouvrirent leurs portes au maréchal (1398). Alors Benoît, obligé de se re-

trancher dans une forteresse du rocher,
s'y défendit avec courage. Le cardinal de
Villeneuve, évêque d'Ostie, fut envoyé avec
des troupes qui avaient été levées au nom
du sacré collége, et réunit sa petite armée à celle de Boucicaut, après avoir pris
le gouvernement de la ville. Alors les citoyens s'étant déclarés plus ouvertement
contre Benoît, celui-ci fit jouer une batte-
rie qui ruina les quartiers les plus élevés
d'Avignon.

Boucicaut fit de vaines tentatives pour
pénétrer dans les forts et s'en rendre maître. Le cardinal de Villeneuve ne fut pas
plus heureux: il battait le palais avec des ca-
nons dont on savait à peine se servir, et
qui ne causèrent aucun dommage.

Dans ces circonstances, le roi d'Aragon
envoya au secours de Benoît des vaisseaux
chargés de troupes. Le mauvais temps
submergea les uns et dispersa les autres. « Quoi donc ! vous souffrez, écrivait-

» il aux Avignonnais, qu'on assiège mon
» parent dans votre ville ! bien plus vous
» l'assiégez vous-même, et vous attaquez
» mes sujets qui le défendent! Changez
» de conduite, joignez-vous à mes trou-
» pes et contribuez à la liberté du pon-
» tife votre souverain, indignement blo-
» qué dans son palais. »

(1399) Enfin, les protecteurs de Benoît obtinrent un ordre de Charles VI par lequel il était enjoint à Boucicaut de suspendre les hostilités et de laisser entrer dans le palais toutes les provisions nécessaires. Peu après, on convint que le pape en ferait sortir la garnison et qu'il ne garderait que cent hommes auprès de lui.

La négligence des assaillans donne à Benoît l'idée de recouvrer une entière liberté. Il rappelle ses troupes, les fait entrer dans le palais avec des vivres et des machines de guerre, et se croyant en état de pouvoir se défendre, il déclare que les conventions qu'il avait signées étaient nulles et qu'il n'avait rien fait que par force,

Boucicaut, tranquille sur la foi du traité ne s'attendait pas à ce changement. Prêt à recommencer le siége, il se voit forcé d'aller combattre un autre ennemi. Un cordon de troupes interceptait cependant les avenues du fort, et le blocus allait obliger Benoît à capituler de nouveau, lorsque le duc d'Orléans, son protecteur, trouva le moyen de le délivrer (1402). Bientôt ses affaires changent de face, et il parcourt en souverain les villes qui s'étaient soustraites à sa domination.

(1403) De nouveaux orages grondent sur la tête de Benoît, qui donne ordre à Rodrigue de Luna de se fortifier de nouveau dans le palais. D'un autre côté, le pape Alexandre envoie dans cette ville un légat, avec ordre d'expulser les Catalans et les Aragonais d'Avignon et du Comtat. Cet ordre devint la source de tous les malheurs des citoyens , qui montrèrent beaucoup de bravoure , et qui, après plusieurs attaques très-vives, forcèrent Rodrigue de Luna à capituler le 22 novembre 1411.

Le nombre des partisans de Benoît diminuant chaque jour , il prit le parti de sortir de France et se retira à Paniscola, place forte appartenant à la maison de Luna , où il mourut à l'âge de quatre-vingts ans. (1415.)

En 1432, il se forme un nouvel orage. Les habitans ne voulant pas reconnaître pour gouverneur Condulmier, frère d'Eugène IV , s'étant mis sous la protection du concile de Bàle , confèrent cette dignité au cardinal Alphonse Carriglio. Après de vaines tentatives en faveur de Condulmier , le pape nomme le cardinal de Foix et le charge de chasser Carriglio. Le nouveau légat fait assiéger Avignon par son frère , le comte de Foix, qui oblige cette ville à se soumettre (mars 1453).

Le calme renaît enfin dans Avignon et
le Comtat ; il dure plus d'un siècle et n'est
interrompu que par les guerres intestines
dont les opinions religieuses furent le sujet
ou plutôt le prétexte.

« Vers 1560, dit Nouguier, les hugue-
nots, émissaires de Calvin et autres hérétiques réfugiés à Genève, assistés de plu-
sieur princes seigneurs et gentilhommes
de France (qui ou pour n'avoir de l'em-
ploi, ou pour être éloignés de la cour, ou,
pour mieux dire, désirant de vivre en liberté de conscience, s'étoient jetés de leur
parti et même embrassé leur prétendue
religion), ayant séduit une grande partie
du peuple idiot par leurs prédications, com-
mencèrent à troubler toute la France par
séditions, révoltes, surprises et pillages ;
ils ne manquèrent aussi d'inquiéter la ville
d'Avignon et le Comtat par des courses,
pilleries et siéges de villages; s'étant saisis
d'Orenge qui leur servoit de retraite, et

non contens d'attaquer cette ville de vive force, il tâchèreut de la surprendre par de secrètes menées et par des hérétiques mandés exprès, de corrompre, ou d'abuser de notre jeunesse, ce qui néanmoins (par l'assistance de Dieu et la visible protection de la glorieuse Vierge) ne réussit qu'à leur honte et confusion, et au supplice de ces misérables, et d'un de leurs principaux chefs nommé Parpaille, originaire d'Avignon et président en la cour de parlement d'Orenge, qui, environ l'an 1562, revenant de Lyon où il avoit porté les châsses et reliquaires d'argent de la ville d'Orenge qu'il avoit ravy d'entre les mains des consuls pour en faire de la monnoie, fut arrêté au Bourg, de là conduit à Mondragon, et puis mené prisonnier dans Avignon, où son procès lui étant fait, il eut la tête tranchée et sa maison rasée : elle sert aujenrd,hui de place pour vendre le fruit, appelée la place Pie. »

« Mais si l'hérésie tâchait de s'insinuer dans la ville, Dieu, qui n'oublie jamais ses fidèles serviteurs, par l'intercession de la très glorieuse Vierge sa mère patronne et protectrice d'icelle, l'ayant préservée diverses fois des dangereux attentats de ses ennemis, envoya à son secours les RR. PP. de la Compagnie de Jésus qu'elle reçut heureusement dans son sein le 14 août de l'an 1564, pour s'opposer et combattre les hérétiques et servir de bouclier contre cette hérésie. On leur donna le collége pour instruire la jeunesse avec toutes sortes de bénédictions, on leur achepta pour demeure le palais dit de la Motte, autrefois du cardinal Nicolas de Brancas. »

Plusieurs historiens, entre autres le P. Justin, pour le Comtat, ont fait l'histoire de ces boucheries auxquelles on a donné le nom de guerres de religion, comme si la doctrine la plus bienfaisante, la plus pacifique et la plus appropriée au bonheur

des hommes, avait pu autoriser tant de
massacres et tant d'atroces représailles!

Après ces guerres *plus que civiles*, pour
me servir des expressions d'un écrivain de
l'antique Rome, des séditions passagères
ne troublèrent que momentanément le calme
dont nous jouissions. Depuis plusieurs
siècles, notre ville, gouvernée par un légat
ou un vice-légat du saint-siége, par son
viguier, ses consuls auxquels était joint
un docteur qui avait le titre d'assesseur,
prouva dans plusieurs circonstances son
attachement pour les rois de France ; aussi
François 1er accorda le titre de régnico-
les à nos concitoyens (1)

(1) Sous la domination des souverains Pontifes, les tribunaux étaient subordonnés aux vice-
légats qui residaient à Avignon dans le palais
apostolique, et qui étaient vicaires-généraux du
Saint-Siège, tant pour le spirituel que pour le
temporel. Ils avaient les mêmes pouvoirs que le
grand pénitencier de Rome ; ils étaient surin-

En 1663, à la suite de quelques différents survenus avec la cour de Rome , le

tendans généraux des armes du pape dans l'État
d'Avignon et dans tout le Comtat-Vénaissin. Ils
avaient le droit de juger par appel toutes les affaires ecclésiastiques , civiles et criminelles ; ils
tenaient audience publique deux fois la semaine ,
assistés du dataire et de l'avocat fiscal ; ils avaient
le titre d'EXCELLENCE. Leur garde était de près de
200 hommes , chevau-légers , infanterie et gar-
de-suisse. Le tribunal de la ROTE , composé
d'un président et de cinq auditeurs , connaissait
de tous les différends ecclésiastiques, civils et cri-
minels qui survenaient dans Avignon et dans le
Comtat-Vénaissin.

Les affaires criminelles étaient jugées en dernier ressort dans une congrégation où opinaient
l'auditeur général , considéré comme lieutenant-
général du vice-légat , les juges de Saint-Pierre
et l'un des assesseurs du viguier , et à laquelle
présidait le vice-légat.

Le tribunal du viguier était à Saint-Pierre : il
y avait deux juges qui connaissaient des causes
tant civiles que criminelles et du jugement des

7

Parlement de Provence rendit, sous Louis
XIV, un arrêt portant la réunion de la ville

quels on pouvait appeler au viguier, qui pre-
nait trois assesseurs pour décider l'affaire.

Le viguier avait succédé aux podestats ; toujours gentilhomme, il était nommé tous les ans
par le pape et avait la qualité de vicaire parti-
culier de Sa Sainteté pour le temporel ; dans les
fonctions publiques, il marchait avec les consuls.

Les consuls étaient au nombre de trois ; le premier toujours noble, avait le titre de gentilhomme ordinaire de la chambre du roi. Ces
consuls, auquel était joint l'orateur de la ville
nommé assesseur, toujours homme de loi, étaient
les juges nés de la police de la ville ; ils étaient
élus par le conseil la veille de saint Jean-Bap-
tiste. Ce conseil, qui ne pouvait jamais s'assem-
bler sans l'autorisation du viguier, était composé
de 48 conseillers, dont quatre étaient députés
par le clergé et quatre par l'Université.

Outre ces tribunaux, il y avait un juge parti-
culier pour les gabelles, une conservation pour
les affaires de commerce, et un tribunal du Saint-
Office ou de l'inquisition établi dans le XIIIme

d'Avignon et du Comtat au domaine de Sa
Majesté. Cet arrêt, suspendu par le traité

siècle , qui avait pour objet de rechercher ceux
qui étaient convaincus de mauvais sentiments
sur la religion. Ce dernier était composé de l'in-
quisiteur , d'un vicaire-général , tous deux religieux de l'ordre de Saint-Dominique , de sept
consulteurs , d'un fiscal et d'un chancelier ou
secrétaire. On procédait ici avec autant de cir-
conspection, de sagesse et d'équité, que dans aucun autre. C'est à tort que les ennemis de la religion et des bonnes mœurs ont pris à tâche de
le décrier. On vivait à Avignon en toute liberté ;
mais à Avignon, ainsi que dans tout état po-
licé , on punissait l'audace et la témérité de ceux
qui insultaient au gouvernement et à la religion
qu'il professait.

Le dataire était après le vice-légat le premier
mobile de toutes les affaires qui concernaient la
chancellerie. C'est par ses mains que passaient
toutes les grâces qu'on accordait. La datairie
était composée du dataire , du secrétaire de la
légation , du garde-des-sceaux , d'un régistra-
teur et d'un correcteur de bulles.

de Pise, fut reproduit et mis à exécution le 4 octobre 1688, époque où le roi prit *la réelle et actuelle possession* d'Avignon et du Comtat, et les garda jusqu'au 20 octobre 1689. Alors ce pays, pour emprunter les expressions de la lettre du roi au comte de Grignan lieutenant-général en

On comptait à Avignon, avant la fin du siècle dernier, sept paroisses outre l'église métropolitaine ; vingt maisons de religieux qui renfermaient environ trois cent cinquante sujets, quinze maisons de religieuses qui en contenaient à peu près le même nombre ; dix hôpitaux ou autres maisons de charité ; sept confréries de pénitens ; trois séminaires et un collége ; il y avait en tout environ neuf cents personnes consacrées au service des autels , qui jouissaient d'un revenu de trois cent cinquante mille francs ou d'environ trois cents quatre-vingt-dix francs par tête.

Cette note est en grande partie un abrégé de ce qu'on lit, *Article d'Avignon*, dans le Dict. géog. d'Expilly.

Provence, fut mis au même état qu'il était avant le mois de septembre 1688.

(1768) Reprise par Louis XV , cette ville fut rendue six ans après aux Souverains Pontifes qui la gouvernèrent comme auparavant jusqu'en 1791 , époque où l'on ne connut d'autres lois que celles de la violence et de la terreur, et où Avignon et le Comtat furent réunis à la France , par un décret du 14 septembre 1791 de l'Assemblée constituante. (1)

Tandis que des séditieux insultaient à l'autorité pontificale , Pie VI , dont les vertus surpassent celles des meilleurs princes , envoyait à ses frais des navires chargés de blé pour soulager Avignon dans

(1) L'autorité spirituelle n'avait pas attaché moins d'importance que l'autorité civile à la possession d'Avignon, car le concile de Bâle , tenu en 1437 , décréta *de ne jamais aliéner cette ville* qu'il mit sous sa sauvegarde spéciale et sous celle de l'Église.

une cruelle disette. De pareils exemples
de bonté doivent être gravés dans tous
les cœurs et ne point échapper à l'histoire.
Les vers suivans, que nous devons à De-
lille, caractérisent Pie VI.

Pontife révéré, Souverain magnanime,
Noble et touchant spectacle et du monde et du ciel,
Il honore à la fois par sa vertu sublime,
Les malheurs, la vieillesse, et le trône et l'autel
. . . .

Quelle rapide succession d'événemens
inattendus et de crises funestes depuis cette
époque déplorable! Que de constitutions
éphémères! que de bourreaux! que de victimes! Après tant de luttes sanglantes,
tant de dissension intestines, tant de prétentions séditieuses, la ferme volonté d'un
seul asservit mille tyrans; nos Brutus deviennent des Narcisses, et l'anarchie disparaît
devant la force.

Bonaparte, profitant d'une expérience
meurtrière; cimente d'abord son pouvoir

par une autorité supérieure. Il impose silence aux factieux, se moque du culte philantropique, réprime le scandale, bâillonne l'athée, s'oppose à la licence des écrivains et à la propagation des écrits contre l'autel et le trône. Il comprend que le pouvoir légitime ou usurpé, paternel ou despotique, ne peut s'établir que sur des lois supérieures à l'humaine législation. Il ouvre les temples, relève les autels, tout cède à son inflexible et constante volonté. La France, ivre de liberté, obéit en esclave. Entraînée par la gloire comme elle l'était par une féroce licence, elle porte rapidement au dehors les armes dont elle déchirait son sein. Bonaparte se multiplie, il est partout, rien ne lui résiste, tous les trônes sont ébranlés à la fois. L'Italie, la Suisse, l'Allemagne, la Prusse, l'Espagne, la Pologne, passent sous le joug. L'Angleterre alarmée, n'osant plus compter sur sa fallacieuse politique, tremble pour ses propres foyers. L'Allemagne, achète par un grand sacrifice un instant de repos. La Russie met tout son espoir dans la rigueur destructive de son climat. Bonaparte est maître de tout hormis de lui seul. Mais sa haute puissance n'est que l'éclair. La foudre gronde ; un désastre inouï efface en huit tours quinze ans de triomphes, réveille l'Europe, abat le conquérant, étonne la France. Il se relève, retombe encore ; sa double chute est plus prompte que ses victoires, et le téméraire qui regardait le monde civilisé comme un théâtre trop étroit pour sa gloire, n'a bientôt, sous une zône orageuse et brûlante, pour témoins d'une vie obscure, que l'orgueil insolent de ses maîtres, une garde vigilante, des rochers arides et l'horreur des tempêtes. . . . . .

La France semblait avoir été réduite à la plus servile obéissance pour mieux ressentir les douceurs d'une autorité paternelle. Monté sur le trône de ses glorieux ancêtres,

(105)

Louis assure pour long-temps le repos à l'Europe et à notre patrie cette paix intérieure que mille élémens de discorde n'ont que faiblement altérée. Ce qui doit nous rassurer, malgré l'orage qui gronde dans le lointain, malgré nos opinions divergentes, nos théories absurdes, et notre chaos politique, c'est que Dieu protège la France.

Fin de l'Abrégé de l'histoire d'Avignon.

~~~~~~

ÉGLISE D'AVIGNON (1).

———————

Lorsqu'après avoir triomphé d'une foule
d'obstacles humainement invincibles, le
Christianisme devint la religion des Césars,
on éleva des églises parmi les temples du
paganisme. Celle d'Avignon, bâtie sous

(1) Notre ancienne Métropole fut rebâtie par ordre de
Charlemagne. Ses murs, évidemment postérieurs au VIIIe
siècle, n'ont pas été construits sous ce monarque. Un sa-
vant Anglais, M. Gally Knight, qui a fait une étude
particulière des monumens gothiques, et avec lequel j'ai
eu dernièrement un long entretien, pense que le porche
de la Métropole appartient au XIe siècle, et que l'église
est d'une construction moins ancienne. Il est évident que
le porche existait avant la tour qui s'élève derrière lui,
et qu'il faisait partie d'un autre édifice.

Constantin (1), fut renversée, en 407, par les Barbares qui inondèrent l'empire. Reconstruite peu après, les Sarrasins la détruisirent encore vers 730 ; mais Charlemagne la releva sur la fin du VIIIe siècle comme nous l'apprend une charte de Louis-le-Débonnaire, datée de l'an ix de son règne. En 1096, Urbain II se trouvant à Avignon, lui donna, de concert avec le roi d'Aragon, comte de Provence, des chanoines réguliers de Saint Augustin pour la desservir (2). Elle

(1) En 327, Aventius acheva de batir l'église qui avait été commencée peu après l'édit de Constantin et de Licinius en faveur des Chrétiens, comme nous l'apprennent d'anciens documens. L'un de ces titres désigne même le nombre des autels en ces termes :

DEDICATIO NOVAE ECCLESIAE SANCTAE
MARIAE AVENNICAE A CONSTANTINO
IMPERATORE MAGNIFICO OPERE
RESTAURATAE ANNO DOMINICAE
INCARNATIONIS CCCXXVI ... ET TRIVM
ALTARIVM IN EA ERECTORVM
AB AVENTIO EPISCOPO.

(2) Avant le IXe siècle, des moines desservaient no-

conserva l'état de Chapitre régulier jusqu'en 1485 , époque où Sixte IV la sécularisa et l'érigea en Métropole, ayant pour suffragans les évêques de Carpentras , Cavaillon et Vaison. L'église d'Avignon ressortit primitivement de l'archevêché de Vienne , ensuite de celui d'Arles. Cette église dont l'origine se confond avec les premiers siècles du christianisme , dédiée à la vierge Marie et si féconde en religieux souvenirs , où repose la cendre de tant de personnages illustres par la prééminence de leur rang, de leurs vertus, de leur savoir et de leur gloire ; cette basilique qui renfermait tant d'épitaphes , tant de tombeaux, tant de mausolées sur lesquels étaient gravés des noms dont s'enorgueillissent les plus belles pages de nos annales ; cette basilique presque oubliée et comme

tre Cathédrale. Charlemagne leur substitua des prêtres séculiers qui furent remplacés , en 1096 , par des chanoines réguliers de St Augustin. De nouveau sécularisée en 1485, elle est restée dans le même état depuis cette dernière époque jusqu'à nous.

déchue de son antique splendeur , n'offrait qu'une ébauche de restauration , lorsque sous l'archiépiscopat de Mgr. Célestin du Pont et par ses soins généreux, on vit briller tout-à-coup la pompe de ses antiques cérémonies , et se couvrir de religieuses peintures des voûtes et des murs, moins dégradés par l'outrage des siècles que par les Vaudales , dont la rage destructive devint le fléau de la religion , de l'humanité, de la justice et des arts.

L'Histoire d'aucune église n'est aussi ancienne que la nôtre. *Nihil antiquiùs habemus quàm Historiam Avenionensium Episcoporum et Archipræsulum.* (Gallia christ., TOM. I., p. 793. Paris , 1715).

La suite de nos évêques remonte sans beaucoup d'interruption jusqu'en 407 , sous l'épiscopat d'Amance , et finit en 1474 , sous Alain de Coëtivy , frère de Prégent de Coëtivy , amiral de France.

Le cardinal de Roure , neveu de Sixte IV et premier archevêque d'Avignon, élevé à cette dignité en 1474 , élu pape vingt-neuf

ans après sous le nom de Jules II, prédéces-
seur de Léon X , posa la première pierre du
plus bel édifice que les hommes aient élevé à la
Divinité (1). Notre église a été gouvernée par
76 évèques , jusqu'à Julien du Roure , et par
27 archevêques , depuis Julien jusqu'à Mgr.
Célestin du Pont.

Les cardinaux Hippolyte de Médicis ,
Alexandre Farnèse (2) , les d'Armaguac ,
les Grimaldi , ainsi que plusieurs autres personnages distingués par leurs vertus ou par
leur naissance , ont été au nombre de nos
archevêques. Quelques-uns de nos premiers
pasteurs ne furent pas étrangers aux plus

(1) Saint-Pierre de Rome.

(2) Le trait suivant caractérise cet Archevêque : Une
pauvre femme lui exposa qu'elle était sur le point d'être
renvoyée avec sa fille d'un petit appartement qu'elle oc-
cupait chez un homme fort riche , parce qu'elle ne pouvait lui payer cinq écus qui lui étaient dus. Le ton
d'honnêteté avec lequel elle faisait connaître son malheur , fit aisément comprendre au cardinal qu'elle n'y
était tombée que parce que la vertu lui était plus chère
que les richesses. Il écrivit un billet et la chargea de le

anciens Conciles ; d'autres, dans des siècles moins éloignés, ont été nommés cardinaux.

Jacques d'Ossa, évêque d'Avignon, plus connu sous le nom de Jean XXII, fut créé pape. Jules du Roure, après avoir gouverné vingt-huit ans notre église, fut élu souverain pontife en 1503. Innocent IX, dont Facchinetti était le nom de famille, pape sacré en 1591, avait été dans notre ville vicaire de l'archevêque Farnèse.

Loin de partager les erreurs qui ont affligé l'Eglise, nos évêques furent toujours les défenseurs de l'autorité pontificale. C'est ainsi qu'en 360, Metian signa la lettre écrite contre l'archevêque d'Arles qui avait embrassé

porter à son intendant. Celui-ci l'ayant ouvert compta sur-le-champ cinquante écus. Monsieur, lui dit cette femme, je ne demandais pas tant à Monseigneur, et certainement il s'est trompé. Il fallut, pour la tranquilliser, que l'intendant allât lui même parler au cardinal. Son Eminence reprenant son billet, dit : Il est vrai que je m'étais trompé, le procédé de madame le prouve ; et au lieu de cinquante écus il en écrivit cinq cent qu'il engagea la vertueuse mère d'accepter pour marier sa fille.

l'arianisme ; qu'en 451 , Maxime souscrivit la lettre synodique des évêques de France au pape saint Léon ; qu'en 465 , Saturnin assista au concile de Rome , et en 554, Antonin à celui d'Arles , etc, etc.

Félicitons-nous d'avoir toujours vu nos premiers pasteurs s'opposer avec énergie aux prétentions séditieuses, aux décisions illégales, et maintenir cette antique majesté, cette respectable croyance, cette unité catholique sans laquelle il n'y a point de Christianisme !

NOTES.

—

En traduisant la lettre de saint Jérome, ci-tée page 14 et 15, j'ai laissé les noms des peuples et des villes dont parle ce Père tel qu'il les donne, et j'ai nommé les Wangiens, les Ambiens, les Attrebates, les Moriniens, au lieu de dire, les habitans de Worms, d'Amiens, d'Arras, des environs de Tournay.

———

Le passage suivant se rapporte à la page 22.

Il y avait à Avignon, dans le VIme. siècle, un sénat rempli de sophistes et de juges philosophes, comme nous l'apprend Grégoire de Tours. Cet historien rapporte qu'un pasteur respectable refusa l'évêché d'Avignon pour n'être pas obligé de lutter sans cesse avec des sophistes et des philosophes. *Ne permiteret simplicitatem illius inter senatores, sophisticos et judices philosophos fatigari.* Grég. turon, lib. vi, cap. 9.

8

Note sur le commerce d'Avignon, relative à la page 33.

Le commerce d'Avignon était très-important dès la plus haute antiquité, puisque Polybe, cet historien si digne de foi, qui avait voyagé dans nos contrées, dit formellement qu'Annibal arrivé à quatre journées de l'embouchure du Rhône, c'est-à-dire entre Avignon et Orange, acheta, pour traverser le fleuve, des habitans de ses bords, tous leurs canots faits d'un seul tronc d'arbre *monoxula*, et leurs chaloupes *lembous*, dont ils avaient un grand nombre à cause de leur commerce maritime (1).

Huet, dans son *Traité du Commerce des anciens*, rapporte que les Avignonnais s'étaient associés, vers 800, aux Lyonnais et aux Marseillais, et qu'ils allaient ensemble deux fois l'an, à Alexandrie, d'où ils rapportaient des aro-

(1) POLYB. *lib.* III, *page* 195. c. Paris 1609. Ce passage curieux pour l'histoire de notre ville me paraît assez important pour n'être point omis.

mates et d'autres marchandises qu'ils vendaient en France.

Sous la république du XIIme siècle , le commerce d'Avignon l'enrichit assez pour que ses citoyens pussent être exempts de tout impôt. Les droits que payaient les étrangers et les revenus particuliers de la ville suffisaient à ses dépenses.

Avant cette époque, la garance , cultivée en Italie, l'était aussi en France, puisqu'on y avait taxé chaque charriot rempli de cette racine colorante.

Avignon a dû être pendant long-temps un entrepôt de Marseille , et a dû percevoir un droit sur les marchandises qui remontaient le Rhône; peut-être même y avait-il des maisons associées à celles de cette antique colonie de Phocée.

_____

Note relative à la page 81.

On trouve les détails relatifs à ce fléau , dans Guy Chauliac, chirurg., chap. V.

Boccace, *Decamerone, narratione della prima Giornata.*

Cantacuzene, empereur, histoire Bysant, liv. 4, page 730.

Baronius, annales, an 1348.

Villani, chron., liv. 12, chap. 83.

Félicien, hist. de Paris, revue par Lobineau.

Daniel, hist. de France, tome 5, pag. 406.

Baluse, *prima et secunda vita* Clément VI.

Guesnay, *prov. massiliens annal.* pag. 411, etc., etc.

Note de la page 92, ligne 4.

Au commencement de 1411, les attaques du Palais d'Avignon, devinrent presque continuelles; mais aucune d'elles ne peut se comparer à l'assaut général du 14 février, donné en même-temps au Palais Apostolique, à la Vice-Gérence et à la Roche-des-Doms. Il périt dans cette circonstance quatre mille assiégeans. La perte de la garnison fut aussi très-grande; il ne restait plus qu'un petit nombre de soldats, ce qui l'obligea d'en venir à des propositions de paix. Elle capitula le 22 novembre 1411. Le commandant promit, après dix neuf mois de siége, que s'il n'était secouru avant cinquante jours,

il rendrait le Palais et les autres Forts qu'il oc-
cupait à Avignon et à Oppède, dont la garnison,
maîtresse d'une grande partie du Comtat, tenait
ce pays sous sa dépendance. Après ce terme, le
secours dont il se flattait n'arrivant pas, il sor-
tit du Palais avec la garnison qui, auparavant
très-nombreuse, se trouvait réduite à 300 soldats, et se retira en Catalogne.

Voici les principaux articles de la capitulation du 22 novembre 1411 :

1. Les assiégés donneront dix ôtages, dont le
Sénéchal disposera si le commandant du Palais
ne tient pas ses promesses.

» Le commandant pourra envoyer quatre ou
cinq soldats, auxquels se joindront quelques
citoyens de la ville, nommés par l'autorité, pour
acheter des provisions indispensables.

» Il sera livré aux assiégés dix moutons tous
les jours gras, mais les officiers jureront sur
les saints évangiles, qu'ils n'en conserveront
aucune portion pendant plus de deux jours. On
leur délivrera aussi quatre saumées de vin
qu'ils ne pourront garder plus de deux jours.

» Le vendredi et le samedi, ainsi que les autres jours maigres, il leur sera permis d'ache-

ter jusqu'à la valeur de huit florins de poisson, qu'ils mangeront aussi dans deux jours. Quant aux ails, oignons, légumes frais, on leur en fera donner la quantité nécessaire. (On avait assez de pain pour qu'il n'en fut point parlé dans cette capitulation.)

» La garnison sortira du Palais avec armes et bagages, si elle ne peut être secourue avant cinquante jours. »

FIN DES NOTES.

FAUTES A CORRIGER.

———»≈»» ««≈««———

Page 7, *ligne* 11, après le mot *vraisembla-ble*, ajoutez : *d'après le silence de Strabon.*

Page 10, *ligne* 4 de la note, lisez : *Aestimetur*, au lieu de *existimetur*. *Ligne* 5, lisez : *praesenti* au lieu de *proesente.*

Page 29, *ligne* 10, au lieu de 1134, lisez : 1154.

Page 54, *ligne* 4, au lieu de *toutes*, lisez : *tous.*

TABLE

DES

événemens les plus remarquables.

—

Fin de la Table.

OUVRAGES

PUBLIÉS

PAR L'AUTEUR DE L'ABRÉGÉ DE L'HISTOIRE D'AVIGNON.

—◦—

1° Essais de Médecine , par Waton et Guérin , 3 vol. in-12.

2° Discours sur l'Histoire d'Avignon , 1 vol. in-12.

3° Fragmens d'une Topographie physique et médicale du département de Vaucluse , petit in-4°.

4° Discours sur l'étude de Médecine , brochure in-8°.

5° Réflexion sur la Vaccine, petit in-8°.

6° Rapport sur la Vaccination générale de l'arrondissement d'Orange , in-8°.

9

7° Description de la Fontaine de Vaucluse, suivie d'un Essai sur l'Histoire naturelle de cette source, et d'une Notice sur la Vie et les écrits de Pétrarque, in-12.

8° Description de Vaucluse, seconde édition, in-18.

9° Vie d'Esprit Calvet, suivie d'une Notice sur ses Ouvrages et sur les objets les plus curieux que renferme le Muséum dont il en est le fondateur, in-18.

10° Voyage à la Grande-Chartreuse et à la Trappe d'Aiguebelle, in-18.

11° Mesures barométriques, suivies de la Météorologie d'Avignon, in-18.

12° Panorama d'Avignon, de Vaucluse et du Mont-Ventoux, in-18.

13° Suite des Observations Météorologiques faites à Avignon, suivies d'un tableau monographique des taches du Soleil, in-18.

14° Observation sur le plus ou moins d'exactitude des mesures barométriques, prises à de grandes distances (40 ou 50 lieues) du baromètre Sédentaire, petite brochure in-18.

15° Preuves de la vérité et de l'excellence du christianisme, d'après les auteurs sacrés et profanes, in-18.

16° Recherches sur la Vie et les écrits de Pierre-Fran-
çois de Tonduti, seigneur de St-Légier, comte
Palatin, jurisconsulte et astronome d'Avignon·
(Cet Opuscule forme quatre longs articles insérés
dans le *Messager de Vaucluse* et un cinquième
supplémentaire, qu'on lit dans l'*Indicateur
d'Avignon.*)

———

Ces Ouvrages se trouvent les uns chez M. Seguin,
imprimeur-libraire; les autres, chez l'Auteur, porte
St-Michel, à Avignon.